JN099498

Series Diversity Management

シリーズ **ダイバーシティ経営**

責任編集 佐藤博樹・武石恵美子

管理職の役割

坂爪洋美・高村 静 [著]

中央経済社

「シリーズ　ダイバーシティ経営」刊行にあたって

　現在，ダイバーシティ経営の推進や働き方改革が本格化し，企業の人材活用のあり方が大きく変わり始めている。それによって，職場における施策やマネジメントのみならず，労働者個人の働き方やキャリアのあり方においても対応が迫られている。こうした状況を踏まえ，本シリーズは，著者らが参画するプロジェクトの研究成果を土台とし，「ダイバーシティ経営」に関する基本書として刊行するものである。本シリーズで「ダイバーシティ経営」とは，多様な人材を受け入れ，それぞれが保有する能力を発揮し，それを経営成果として結実させるという戦略をもって組織運営を行うことを意味している。各巻は，働き方改革，女性活躍のためのキャリア支援，仕事と子育て・介護の両立，管理職の役割といったテーマで，ダイバーシティ経営に関わる実態や課題に関する内外の主要な研究動向を踏まえるだけでなく，それぞれのテーマに関する主要な論点を取り上げ，「ダイバーシティ経営」に関わる研究者や実務家の方々に対して有益な情報を提供できるものと確信している。

　上述のプロジェクトは，中央大学大学院戦略経営研究科に産学協同研究として設置された「ワーク・ライフ・バランス＆多様性推進・研究プロジェクト」（2014年度までは東京大学社会科学研究所の「ワーク・ライフ・バランス推進・研究プロジェクト」）で，2008年10月に発足し，共同研究に参加している企業・団体（2020年度現在30社・団体）と研究者が連携し，プロジェクトのテーマに関わる課題について，調査研究や政策提言，さらに研究成果を広く普及するための成果報告会等を行ってきた。当初は「ワーク・ライフ・バランス」をメインテーマに掲げ，職場における働き方改革や人材マネジメント改革について検討を進めてきた。2012年度からは，テーマを「ワーク・ライフ・バランスと多様性推進」へと広げ，働き方改革を含めて多様な人材が活躍できる人事制度や職場のあり方について議論を進めてきた。人材の多様性に関しては，女性，高齢者，障害者，LGBT等を取り上げ，多様な人材が真に活躍できる人事制度のあり方や，働き方を含めた人材マネジメントのあり方について検討を進めてき

ている。検討にあたっては，アンケート調査やインタビュー調査などデータ収集と分析を行い，エビデンスを重視して，法制度や企業の人事施策，職場マネジメント，さらには働く人々個人に対する提言などの発信を行ってきた。

これまでの研究成果は，第1期：佐藤・武石編著『ワーク・ライフ・バランスと働き方改革』（勁草書房，2011年），第2期：佐藤・武石編著『ワーク・ライフ・バランス支援の課題』（東京大学出版会，2014年）を，第3期：佐藤・武石編著『ダイバーシティ経営と人材活用』（東京大学出版会，2017年）として順次書籍を刊行してきている。

本プロジェクトにおける研究は，プロジェクト参加企業との連携により実施したものが多く，また，研究結果はプロジェクトの研究会において常に実務家にフィードバックして意見交換をすることにより，現場の実態や課題認識に裏付けられることを重視してきた。プロジェクト参加企業の担当者の皆様のご協力やご意見が，本シリーズの成果に繋がっていることに心からお礼を申し上げたい。

最後に，本書の出版に際しては，株式会社中央経済社社長の山本継氏，編集長の納見伸之氏，担当の市田由紀子氏と阪井あゆみ氏にお世話になった。記してお礼を申し上げたい。

2020年6月

責任編集　佐藤　博樹

武石恵美子

はじめに

　たとえば，日本国籍の男性のフルタイム正社員のみで構成されている，というようにメンバーの同質性が高い職場では，仕事がスムーズに進むことが多い。それは，あえて説明しなくてもお互いの言動について理解，共感しやすいといった理由によるものだ。一方，たとえば，多国籍で雇用形態や勤務時間が異なる男女というように，メンバーの多様性が高い職場では，話さないとわからない，何を考えているかわからない，共感することが難しいといったことが起きやすく，結果として仕事がスムーズに進まないことがある。

　もちろん，メンバーの同質性が高いことで発生する問題もあるが，その問題に対して私たちはすでに慣れており，対処方法をある程度は知っているといえるだろう。一方で，多様性の高さで生じるメリットは，ありそうな気がするが，自信を持ってあるとは言えないのではないだろうか。つまり，同質性の高い職場は「問題はあるが，悪くない職場」であり，多様性が高い職場は「良いことがあるかもしれないが，面倒な職場」というのが，現時点での大まかな認識だろう。今のところ多様性の高い職場の方が，同質性が高い職場よりも，やや分が悪そうだ。

　おそらく，何もマネジメントしないならば，メンバーの同質性が高い職場よりも，メンバーの多様性が高い職場の方が多くの問題が起きるであろう。しかしながら，適切にマネジメントするならば，多様性が高いことで生じる面倒は残るかもしれないが，今よりもっと多くの人が自らの力を発揮できるようになり，結果として職場の力も高まるはずだ。

　これからの日本社会において，職場のメンバーの多様性が高まることはあっても，同質性が高まることはなさそうだ。多様性を広く捉えれば，私たちは，これまでにも競争環境や人材マネジメント，さらには働く人々の変化がもたらすさまざまな多様性と，その時々で対峙してきた。たとえば，正規・非正規といった雇用形態の多様化，個別評価の導入によるキャリアの多様化，働く人の労働観の多様化，である。それらに加えて，現在就業時間や就労場所といった

働き方の多様化，女性や高齢者，外国人といった就業者の属性の多様化が進ん
でいる。どうやら現時点でやや分が悪い多様性の高い職場から，私たちは目を
背けることはできず，むしろ多様性をマネジメントするしかなさそうだ。

　本書で取り上げるダイバーシティ・マネジメントは，従業員の同質性だけで
なく従業員間の多様性にも価値があると捉える，職場環境を構築し維持する一
連のプロセスのことであり，多様な人材を活用して成果につなげる取組みの総
称である。本書では職場レベルでのダイバーシティ・マネジメントに注目した
上で，その中核的な担い手である管理職に注目する。

　一口に管理職といってその階層はさまざまであり，階層上の違いに応じて
トップ管理職（top manager），ミドル管理職（middle manager），ライン管
理職（line manager）という3区分で表現されることが多い。トップ管理職は，
組織の最終的な目的を確立したり，目的を達成するためのポリシーを作成する
ことに責任を負い，ミドル管理職は，階層的にトップ管理職の下に位置づけら
れ，他の管理職の監督責任を負う。一方，ライン管理職は組織のマネジメント
階層の中では，最も下位に位置づけられ，業務を担当する従業員の監督を行う。
これらの中から本書では，多くの日本企業で課長クラスに該当するライン管理
職に注目する。ライン管理職は，管理職ではない従業員と管理職との接点に位
置することから職場レベルのダイバーシティ・マネジメントの最前線にいると
言える。課長クラスのライン管理職と多様性の高いメンバーで構成される職場
には，メンバーの多様性が高いことがもたらす成果と課題や，ダイバーシ
ティ・マネジメントを推進することでもたらされる成果と課題が集約される。

　管理職に焦点を当てることで，ダイバーシティ・マネジメントの醍醐味と難
しさに最も近接することができ，近接することで，職場のメンバーの多様性が
もたらす問題を減らし，より多くの人が自分の力を発揮し，職場の力を高める
ための方策を検討する上で必要な情報を，最も多く得ることができるのではな
いだろうか。同時に，ダイバーシティ・マネジメントという観点から，管理職
の役割とはなにか，管理職に持たせるべき権限はなにか，といった議論もでき
るだろう。管理職の役割には，時代や場所を超えて変わらない部分と，その
時々で企業が置かれた環境や労働市場から影響を受け変化する部分があり，ダ

イバーシティ・マネジメントは管理職の役割や権限の変化を求めるものである。ダイバーシティ・マネジメントを通じて管理職の役割を再考することが，今後の日本企業において，より効果的な管理職のあり方を検討する上で有効である。

　本書はそのようなねらいのもとで構成されている。「ダイバーシティ・マネジメントを推進する管理職」というレンズを通して現状を捉えることで，今後ますます重要度の高まるダイバーシティ・マネジメントをより実りあるものへと変革すること，さらには，より効果的な管理職のあり方を明確化することが可能になる。

　2020年6月

坂爪洋美

高村　静

目　次

第**6**章 ## 管理職のダイバーシティ・マネジメント行動を引き出す　151

序章

ダイバーシティ・マネジメントと管理職

1 ダイバーシティ・マネジメントにおける管理職の重要性

　本書は，ダイバーシティ・マネジメントを推進するライン管理職すなわち課長クラスの管理職に焦点を当てる。したがって特にことわりのない場合，管理職とは課長クラスの管理職を指す。ダイバーシティ・マネジメントは，多様な人材から力を引き出し，成果につなげる人事施策や取組みの総称であり，個々の内容を見ていくと，女性活躍推進といった性別を対象とする取組みや，性別にかかわらず育児や介護に関わる従業員や，外国籍の従業員，障がいのある従業員を対象とするものなど多岐に及ぶ。本書は，これらの取組みをつぶさに見ていくというよりは，いずれの取組みを推進するプロセスにおいても，必ず登場する管理職を取り上げる。

　現在，多くの企業が多様な人材を活用して成果につなげるべく，また，同時に種々の法制度に対応すべく，ダイバーシティ・マネジメントに取り組み，その過程でさまざまな課題に直面し，対応に追われている。「ダイバーシティ・マネジメントに取り組み始めたものの，成果は実感できず，逆に問題ばかりが発生する」とか，「確かにダイバーシティ・マネジメントに取り組めば，成果は上がる。ただし，時間的にも人員的にもコストがかかりすぎていて，コストパフォーマンスが悪い」といった感覚を持つ企業も少なくないだろう。

　ダイバーシティ・マネジメントを推進する管理職が注目されるのは，このよ

うな時である。すなわち，企業としてダイバーシティ・マネジメントに取り組んだものの，期待された成果が上がらない，もしくは対処が必要な出来事が新たに生じた際である。たとえば，会社として女性活躍推進に取り組んでいるが，男性社員と比較して，女性社員の管理職候補が育たない，育児休業や短時間勤務制度利用者が増えて職場の仕事が回らない，といった時である。

　管理職は，企業が導入した人事施策を従業員に届ける上で大きな影響を与えることから，人事施策の運用場面でのキーパーソンである。したがって，人事施策が期待された効果を上げない時に，管理職のマネジメントがうまくいかない主要な原因の1つとして指摘されることになるが，この点は，ダイバーシティ・マネジメントでも同様だ。

　このことは，ダイバーシティ・マネジメントを推進する際に管理職が直面する問題や，管理職の意識や行動が原因となって生じる問題を解決するための方程式を立て，その解を見つけることができれば，ダイバーシティ・マネジメントは今よりもうまく進み，期待される効果を獲得する可能性が高まることを意味する。すなわち，ダイバーシティ・マネジメントを推進する管理職を対象とする研究・実務上の中核は，「ダイバーシティ・マネジメントを推進する管理職は何をするのか」，「ダイバーシティ・マネジメントを推進する管理職が直面する課題は何か」という問いの回答を見つけることにあるといっても過言ではない。

　ただし，その過程で大事なことは，管理職の役割を明らかにするだけで終わらず，管理職が役割を果たし，課題を乗り越えるために何が必要か，といった点まで視野に入れることである。ダイバーシティ・マネジメントに限らず「あるべき姿」を明らかにするだけでは，物ごとは動かない。どうやったら「あるべき姿」に近づくか，管理職の評価や育成，そもそもの登用基準の見直し，仕事内容の変更・削減，さらには管理職の裁量権といった点を視野に入れて検討し，ダイバーシティ・マネジメントが求める管理職像を実現するための環境整備を併せて行うことが求められている。

　この先，「多様な部下を活用し，成果につなげる」ことが管理職の仕事からなくなることはないだろう。ダイバーシティ・マネジメントにおいて重要な役

割を果たす管理職の役割を明らかにし，かつその役割を管理職から引き出す環境整備の具体像を描くことの意義は大きい。

2　本書の目的

　上記を踏まえた本書の目的は，ダイバーシティ・マネジメントに取り組む管理職の役割や行動について検討する際に必要となる知見として，現在までにわかっていることを幅広く提示することである。

　近年ダイバーシティ・マネジメントに関する研究は急激に増えていることから，本書で取り上げる知見を，以下の3つの問いに沿って整理する。

　まず，「ダイバーシティ・マネジメントの推進上，管理職はなぜ重要なのか」という問いである。すでに述べたように，ダイバーシティ・マネジメントに限らず，人事施策や企業の取組みにおいて管理職が重要な役割を果たすことは明らかであるが，特にダイバーシティ・マネジメントに限定した場合の重要性について整理する。ダイバーシティ・マネジメントにおける管理職の重要性を我々は体感的に理解していることから，「なぜ重要であるのかという議論」は軽視されがちだが，なぜかを知ることは，ダイバーシティ・マネジメント全体からみた管理職の位置づけを知ることにつながる。

　ダイバーシティ・マネジメントを推進する上で，管理職が適切に役割を遂行し，行動することは大事だが，管理職が適切に振る舞うことだけがダイバーシティ・マネジメントの成否を決めるわけではない。管理職は重要だが，管理職がすべてではない。管理職が担うことができる部分を知ることが，管理職に対する過度な期待と責めを回避しつつ，果たすべき責務を確定することにつながる。

　次に，「ダイバーシティ・マネジメントを推進する管理職は何をするのか」という問いである。前述したようにこの問いはダイバーシティ・マネジメントを推進する管理職に向けられる中核的な問いであり，人事施策や組織風土，リーダーシップといった多様な切り口で整理されていることから，これらを網羅する形で紹介する。

　最後に「管理職にとってダイバーシティ・マネジメントの推進はなぜ難しいのか」という問いである。ダイバーシティ・マネジメントに取り組む企業の実感は，「管理職がやるべきことの内容はわかっているが，管理職がやってくれない（やれない）」といったものではないだろうか。その状況を変えていくためには，できない理由・やらない理由を知ることが第一歩となる。

　この3つの問いに答えるために，取り上げる知見の範囲を少し広く取っている点が，本書の特徴である。本書では，3つの問いに答えるべく，これまでのダイバーシティ・マネジメントに関する調査・研究から得られた知見をまとめるが，ダイバーシティ・マネジメント研究にとどまらず，管理職ならびにダイバーシティそれぞれに関する知見についても取り上げる。

　それは，「ダイバーシティ・マネジメントの推進にあたってどのようにしたら管理職があるべき役割を果たし，取るべき行動を実施するようになるのか」という点をより深く議論する上で，両者を理解することが不可欠だと考えるからである。

　ダイバーシティ・マネジメントから見れば，管理職は運用を担う存在であるが，管理職から見れば，ダイバーシティ・マネジメントの推進は担うべき役割の1つである。したがって，管理職の役割や行動を変える際には，管理職がそもそもどのような役割を担っているのか，彼らがどのような状況に置かれているか等，彼ら自身についてより深くかつ広く知ることが，具体的かつ現実的な方策の発見につながる。

　同様に，マネジメントの対象であるダイバーシティについて知ることも必要である。職場のメンバーが多様になること自体には，可能性もリスクもある。一口に「ダイバーシティ」と表現されるその内容をつぶさに見ていくと，それぞれが全く異なる対象を指していることも少なくない。ダイバーシティとは何かを踏まえ，ダイバーシティが成果につながるメカニズムを理解した上で，企業はダイバーシティ・マネジメントを構築し，管理職に役割を担わせることで，初めてダイバーシティ・マネジメントは期待した効果をもたらす。

　さらに，各章の中で，ダイバーシティ・マネジメントを推進する管理職について検討する際に中核となる，人事施策の運用における管理職の役割や，組織

風土，リーダーシップといった概念についても基本的な説明を加えている。

　このように，本書ではダイバーシティ・マネジメント研究を中心としつつも，管理職ならびにダイバーシティを含めた幅広い形で，ダイバーシティ・マネジメントを推進する管理職に関する知見を提示する。なお，執筆に際して，ダイバーシティ・マネジメントの分野は，近年注目すべき新しい研究が多く出されていることから，可能な限り最新の研究からの知見を盛り込むように試みた。

3　本書が対象とする読者層

　本書の第一義的な読者は，ダイバーシティ・マネジメントを推進する立場から，管理職に課題があり，何とかしたいと考える，人事部門やダイバーシティ推進部門の実務家やダイバーシティ・マネジメントを推進する過程での管理職の役割や行動に興味を持つ研究者である。また，・ダイバーシティ・マネジメントや人事施策に限定することなく，役割や行動を含む管理職のさまざまな変化に関心を持つ，実務家ならびに研究者も本書の対象となる。さらに，多様な部下をマネジメントする管理職自身も，本書の対象である。管理職を中心に置いてダイバーシティ・マネジメントを捉えると，1980年代に変化に対応するリーダーという役割が注目されたように，昨今は多様な部下を管理する役割が加味されたと捉えることができる。

4　本書の構成

　本書は大きく2つのブロックに分かれる。まず，「ダイバーシティ・マネジメントを推進する管理職」というフレーズの中に含まれる2つのキーワードである「管理職」と「ダイバーシティ」それぞれに関する知見の整理である（第1，2章）。

　次に，ダイバーシティと管理職が交差する「ダイバーシティをマネジメントする管理職」についての知見の整理である（第3－6章）。

　第1章は日本の管理職についての概要を捉える。管理職の役割の多くは，企

業を取りまく環境や企業の組織構造が変化しても，ある程度共通した性質を持っているが，たとえば部下管理の中身に注目すると，その力点は部下に対する管理監督から，人間関係管理や個々人の尊厳を尊重する人的資源管理に向かい，ダイバーシティ・マネジメントへと変化してきている。また，管理職には「部下を指導・育成する能力」が従来よりも強く求められるようになってきているものの，昇進前にそのような経験をしたり，昇進要件として評価されたりしてはこなかったことがわかる。ダイバーシティ・マネジメントには，多様な部下と良好なコミュニケーションをとり，育成することが何よりも大切だが，過去に経験がなくそのような能力やスキルを十分持ち合わせていないことに，管理職自身の戸惑いもあるだろう。内部昇進を前提とする管理職のインセンティブとしての機能に弱まりが見られることや，ダイバーシティ・マネジメントが，部下を持った管理職の重要な仕事となるにつれ，管理職の業務負担が一層増加することへの懸念を指摘し，管理職の業務や昇進要件の見直しなどを検討する必要性を指摘する。

　一方，第2章は，ダイバーシティそのものに焦点を当て，ダイバーシティに対する理解を深めると同時に，「ダイバーシティ・マネジメントの推進上，管理職はなぜ重要なのか」という問いに答えるものである。ダイバーシティという言葉は広く浸透しているが，各自が想像するダイバーシティは，性別や年齢といった属性についての多様性から，各自が持っている能力やスキルの種類の多様性まで多岐にわたり，そのことがダイバーシティに関する議論を複雑にする。したがって実務家にとっては，自社が対象とするダイバーシティの特性を理解した上でダイバーシティ・マネジメントを構築することが，研究者にとっては，自身がどのような特性を持つダイバーシティを対象として議論しているのかを明確に理解することが，とても重要になる。

　また，第2章ではダイバーシティが職場にもたらす成果，ならびに成果につながるプロセスを理解するための複数のモデルを提示する。ダイバーシティは適切にマネジメントされることで，職場のメンバーがお互いの特性により補い合うことや，メンバーとのやり取りによる気づきを通じて，職場に対してプラスの影響を与える。一方で，ダイバーシティが適切にマネジメントされなけれ

ば，内集団（職場の中の小さなまとまり）を形成し，もめ事をもたらす。ダイバーシティはマネジメントすることでメリットにつながり，デメリットを抑えることができ，管理職はそれらをコントロールする存在となる。

　2つ目のブロックに眼を移そう。2つ目のブロックの中でも第3章と第4章は，ダイバーシティ・マネジメント研究を中心に，ダイバーシティ・マネジメントを推進する管理職全般についての知見を紹介する。このうち第3章では，前述した3つの問いのうち，「ダイバーシティ・マネジメントを推進する管理職は何をするのか」について答えるものである。管理職は，企業によるダイバーシティ・マネジメントの推進過程において，人事制度の運用・組織風土の構築，リーダーシップという3つの方法を通じてダイバーシティが成果につながるプロセスに関与する。

　第3章では，まず，人事施策の運用については，ダイバーシティ・マネジメントが人的資源管理の中にどう位置づくのか，またダイバーシティ・マネジメントに限らず人事施策の運用に対して，管理職がどのように関与するかについて紹介する。次に，組織風土については，組織風土の概説をした上で，ダイバーシティ・マネジメントを検討する際に取り上げられることの多い，ダイバーシティ風土やインクルーシブ風土について紹介する。同時に，管理職は人事施策の運用とは別に，自らのリーダーシップを通じても，ダイバーシティがプラスの効果につながるように働きかける。ダイバーシティ研究において取り上げられる，インクルーシブ・リーダーシップをはじめとする，いくつかのリーダーシップスタイル，ならびにダイバーシティ・マネジメントにおいて管理職のリーダーシップが果たす役割を紹介する。

　第4章は，「管理職にとってダイバーシティ・マネジメントの推進はなぜ難しいのか」という問いに答えるものである。第4章では，管理職の部下育成行動が部下の性別によって異なり，管理職が期待される役割を果たせていない現状を提示することから始める。期待される役割を果たせないのは，ダイバーシティ・マネジメント固有の難しさによっても生じる。たとえば昨今話題の「アンコンシャスバイアス（無意識のバイアス）」に代表されるように，「女性はこうだろう」，「子供が生まれたら女性は働き方を変えるべきだ」といった強固な

思い込みによって，管理職が女性の部下に対してうまく機能できないといったことがある。

　管理職が期待される役割を果たせない埋由は他にもある。たとえば，ダイバーシティ・マネジメントに限らず，そもそも人事施策が適切に運用できていないといったことである。同様に，管理職の仕事が，以前と比べて忙しくなりかつ難しくなっていることも一因である。これらの要因の存在は，管理職がダイバーシティ・マネジメントの推進において期待される役割を果たせないという問題を解決する際に着目するポイントが，ダイバーシティ・マネジメントの外にもあることを意味する。ダイバーシティ・マネジメントの推進が，管理職が直面する，より根本的な課題を浮かび上がらせている可能性がある。

　第5章では，ダイバーシティ・マネジメントの代表的な取組みの1つである，ワーク・ライフ・バランスを取り上げる。ワーク・ライフ・バランスの分野は，女性従業員の出産後の就業継続はどうあるべきかという問題意識から，ダイバーシティ・マネジメントの中でも研究が蓄積されている。第5章は，第3章・第4章で提示した枠組みを，ワーク・ライフ・バランスという分野を用いて，より具体的に提示するものである。

　まず，管理職は，ワーク・ライフ・バランスに関する人事施策を運用することを通じて，また，部下がワーク・ライフ・バランスを保ちやすい組織風土を醸成することを通じて，つまり第4章で提示する2つの方法で，部下のワーク・ライフ・バランス実現を支援していることを示す。次に，部下のワーク・ライフ・バランス実現に向けた支援として管理職に求められる行動として，代表的な概念であるFamily Supportive Supervisor Behaviors（FSSB）を中心にいくつかの行動を紹介した上で，管理職からそれらの行動を引き出す先行要因を整理する。この先行要因の中に，リーダーシップが含まれる。

　最後に，ワーク・ライフ・バランスに関連する人事施策の利用を通じて，利用者が直面するキャリア形成上の課題について取り上げる。特に短時間勤務といった労働時間を削減する働き方をする部下に対する管理職の関わり方，さらにはそれらを規定する要因を整理する。第5章は，部下のワーク・ライフ・バランスを維持するために管理職に期待される役割と行動を具体的に示した上で，

管理職からそれらの役割や行動を引き出す仕組み・環境づくりを検討する際に有益な先行要因も示している。

　最終章となる第6章では，管理職にフォーカスしつつも，管理職をその一部とする組織全体を見渡す位置に立ち，管理職からダイバーシティ・マネジメント行動を引き出す要因，組織のあり方や取組みを考える。多くの組織にとってダイバーシティ・マネジメントの考え方やその実践は，組織外部から取り入れる新たな価値である。それらを組織内部に取り入れ，組織成員1人ひとりに浸透させて業務内容や業務プロセスに反映させていくには，新たな価値へと組織全体を移行させていくことが必要であり，経営者や人事部門の責任者には，変化への動機づけやビジョンを示すことが求められる。

　また管理職は，組織から情報を与えられるだけの存在でなく，自ら意思決定するために必要なネットワークを構築して情報を収集する存在でもあることから，管理職からダイバーシティ・マネジメントに必要となる行動を引き出すには，組織内のさまざまな当事者との間での相互作用，たとえば組織の上位者，特に経営者との垂直関係，組織の同じ階層に位置する管理職同士の水平関係，さらに部下との垂直関係がもたらす効果を意識した働きかけが必要となる。ダイバーシティ・マネジメントの実践に不足するスキルについては，研修などにより補う工夫も求められるだろう。

　本書が，ダイバーシティ・マネジメントの推進や，ダイバーシティ・マネジメントを推進する管理職，さらには管理職に関心を寄せる人々にとって，新たな知見にとどまらず，刺激の提供になれば幸いである。

第 1 章

「管理職」とは誰か，「管理職」とは何か

「管理職」の機能や現状，課題を概観する。

　組織が成長すると多くの場合，組織は各部署に管理職を配置する。さらに組織規模が拡大すると管理範囲（span of control）の制約から管理職が増加し，組織は階層化されていく。階層化された組織における管理職には組織運営上の機能があり，組織内部からの管理職登用には人事管理上の機能もある。

　人事管理上の機能には，管理職登用の，社員に対する長期にわたるインセンティブ機能があるが，近年，登用年齢の上昇傾向や非役職者に対する役職者の相対賃金の低下傾向が見られ，インセンティブとしての機能が低下している可能性がある。

　一方，管理職に求められる能力やスキルの変化に対応する，管理職登用前の経験の不足や，管理職への登用基準の見直しの遅れなどの課題もある。

　労働法上の管理職の定義と実態との乖離，管理職の業務負担の増加や労働時間の長時間化などの懸念もある。さらに管理職にとっての1つの大きな課題が，多様化した部下への対応，すなわちダイバーシティ・マネジメントである。

1　管理職とは：役割と機能から考える

⑴　本書が対象とする管理職

　本書は，組織成員の多様化する現状を踏まえて，ダイバーシティ・マネジメ

ントに取り組む管理職に求められる役割や行動を中心に検討することを目的とする。まず第1章では，議論の対象となる管理職の現状を概観する。

　企業をはじめさまざまな組織は，組織の成長とともに管理範囲（span of control）の制約から各部署に管理職を配置し，トップと社員（組織成員）が直接結び付く2層構造を超え3層以上の構造となることが一般的である。つまり一定規模以上の組織には，通常，管理職が存在する。

　組織がさらに成長すると，一般社員と経営者の間に，たとえば主任－課長－部長－部門長－事業本部長というように多くの階層の管理職が存在するようになる。組織的にも多層化・複雑化し，階層構造（ヒエラルキー）の各層の管理職すべてを一括りにして議論することは困難になる。

　一般的に管理職は，経営トップに近く，組織レベルの方針決定や成果に責任をもつトップ管理職（top manager），一般社員に近い立場で一般社員の業務の監督等を行うライン管理職（line manager），両者の中間に位置してトップ管理職のもとでライン管理職の監督責任を負うミドル管理職（middle manager）の3つに区分され，それぞれ求められる役割や置かれる立場には大きな違いがある。

　このうち，ダイバーシティ・マネジメントをテーマとする本書では，組織成員の1人ひとりに直接的に関与し影響を与える，いわゆるフロントラインのライン管理職を主に議論の対象とする。以下，単に管理職と記載しているものはライン管理職を指す。

⑵　管理職の定義と役割

　本書が想定する管理職とは，主にライン管理職と呼ばれる初級管理職であることを述べた。一般社員で構成される職場の成員に対する指揮命令と人事の一次考課（評価）を主に担う，日本では「課長」と呼称されることが多い層のことである。しかし，後述するようにその実態はさまざまであって，具体的に一律の定義を与えることはなかなかに難しい。ひとまず「組織の中で一定の権限とそれに伴う責任を有する」（八代，2002）とのライン管理職の定義を引用する[1]。

このような管理職の役割について，海外の代表的な研究であるMinzberg（1973）等を踏まえた詳細な記述は第4章で行われるので，ここではライン管理職の役割について日置ほか（1998）が示す「部下の監督」および「中核的なタスクの遂行」という2つを示したい。

まず「監督者」とは，他人を通じて成果を達成するという，管理職のマネジメント業務（マネジメント・コントロール）の担い手としての側面を示している（八代，2002）。管理職とそれ以外の成員とを区分する重要な役割である。

経営の本質をDoing things through others（他人を通じて成果を達成する）と捉える経営学の理論によれば，マネジメント・コントロールとは，経営行動のまさに中核である。階層組織の上位者（ここでは管理職）が下位者（部下）に権限移譲した意思決定をコントロールすることであり，伊丹（1986）は，その活動は，①影響活動（下位者の意思決定に上位者が望ましい影響を与えようとすること），②直接介入（命令），③選別（昇進，配置）によって構成されるとする。さらに，この活動は，①責任，②業績測定，③目標設定，④インセンティブ，⑤モニタリング，⑥人事評価，⑦コミュニケーション，⑧教育，の人的資源管理と密接なサブシステムにより支えられているとする。これらを見れば，経営の一翼を担うライン管理職の重要な役割の1つは，職場の人的資源管理の担い手として経営活動を行うことであるということができるだろう。

もう1つの役割である「タスクの遂行」とは，管理職が職務を遂行するプレイヤーとして，組織内での中堅として自ら判断をし，タスクを担う側面を示している。

実態としては，この2つの役割が1人の管理職の中に混在する。特に近年は，監督者としての役割のみを担う者は減少し，タスクの遂行を合わせて担うもの（プレイング・マネージャー）が増加していることが多く指摘されている（詳細は第4章参照）。

なお，管理職が行うタスクの内容が，高い実績を上げていくこと（大井，2005）であったり，部下が担当する業務と同等の内容である傾向が強まっていることも指摘されており，このようなタスク遂行の負担が増加することによって監督者としての役割，すなわち部下の教育・育成などを含む人的資源管理の

遂行が困難になっているのではないかとの懸念がある（詳細は第3章参照）。

⑶　管理職の組織運営上の機能

　階層構造を持つ組織というシステムの中に置かれる立場として捉えた際に管理職というポジションが果たす機能を，組織運営上の機能と，人事管理上の機能という2つの観点から考える。

　まず組織運営上の管理職の機能を考える。なお，前述のとおり，管理職が存在することによって組織の構造は3層以上のヒエラルキーとなることを前提にすれば，管理職の意義を検討することは，ヒエラルキーのメリットを検討することでもある。伊藤・森谷（2009）は，このようなメリットを，機械的アプローチと人間的アプローチの2つの視点から整理する。

　機械的アプローチは，情報処理機能，モニタリング機能，例外問題解決機能という組織内の情報流通に関する機能的側面に主眼を置く。この3つの機能を簡潔に述べれば，情報処理機能とは，2層構造のままでは経営者に無秩序な資料・データが膨大に集まってしまうため，戦略や計画を立てるために必要なデータを部門ごとに集約・処理するための機能であり，このような情報処理を行うため管理職が配置されるとする考え方である。

　モニタリング機能とは，大規模組織でモニタリングが行き届かないとフリーライダーが発生するため，そのような行動を監視し抑制するために，階層ごとの適切な管理範囲（span of control）ごとに管理職を配置するという考え方である。

　例外問題解決機能とは，ヒエラルキー下位のメンバーは自身の職務に関連する狭い範囲の知識を収集し，ルーチンな問題解決を行い，狭い範囲の知識だけで解決できない場合は「例外問題」として上位に送り，上位者は例外問題の解決に特化するという仕組みである。ヒエラルキー内での知識の移転というコミュニケーションの増加をもたらし，例外的な問題を上位に伝達することで組織全体の問題解決能力を高める機能を果たすという。

　一方の人間的アプローチとは，組織と管理職（さらには部下）との利害には「ずれ」があることを前提に，上述の管理職の基本的な3つの機能のうち，情

報処理機能とモニタリング機能の2つに焦点を当てて，管理職がどの程度これらの機能を果たすことが組織にとって効率的かを分析する。すなわち，ライン管理職の部下への影響を考慮すると，管理職がモニタリング機能や情報伝達機能を完全に果たすことは，組織にとって必ずしも好ましいものではないという可能性を示唆するもので，具体的には以下のようになる。

　管理職は，経営者よりも現場に関して高い精度の幅広い情報を持つ（情報収集能力が高い）こと，上層部の意向に忠実である（経営者と管理職の利害の一致度は比較的高い）こと，その結果，管理職は適切な情報を上層部に伝える（情報伝達能力が高い）こと，他方で，経営者と一般社員の利害は必ずしも一致しないこと，などの前提が揃うと，管理職の情報伝達機能と部下のインセンティブには「ミドルのジレンマ」と呼ばれるトレードオフ関係が見られることが指摘される（伊藤・森谷，2009）。すなわち，管理職が情報伝達機能を完璧に果たしすぎてしまうと，部下から，「上の顔色ばかりを考える上司だと思われて」しまい，結果として部下のやる気をそぐことがある，というものだ。そのため，管理職には，組織の上位と下位の双方を見渡すバランス感覚が必要になるとされている[2]。

⑷　管理職の人事管理上の機能

　続いて，組織内部で行われる管理職登用を前提とする人事管理上の機能として，組織内の各階層への効率的人材配置と，社員に対する長期のインセンティブの2点を取り上げる。

　前提となる組織内部で行われる管理職登用とは，管理職は組織内で一般社員から昇進することで到達するポジションであることを意味する。すなわち，組織は限られた入職口（ヒエラルキーの最下層）においてのみ組織の外から採用を行い，その後，その中から徐々に異動と昇進を経て上位の空席を埋めていく。組織全体に決定的な影響を及ぼすことになるトップ層の管理職には，下位の階層の管理職の中からさらに高い水準の知識や技能，資格や才能，責任感とリーダーシップを持つ人を選抜して割り当てる。

　このように，昇進を通じてヒエラルキーの高い地位へと人を配置するメカニ

ズムがもたらす1つ目の人事管理上の機能として，各階層への効率的人材配置を考える。①個人の私的情報に基づく均衡行動，および②育成対象の絞込み，の主に2つの面から組織に効率性のメリットをもたらすと考える。経済学の観点からこの点を扱うMilgrom and Roberts（1992）は，能力のある個人は容易に現在の仕事の基準を満たし，より高い業績基準と高い賃金が付与される高いレベルの仕事を目指すようになる一方で，上位のポジションを獲得するほどには能力をもたないと自分自身に関する情報をもつ個人は，現在のポジションを維持する以上には必要な努力をしなくなり，上位への昇進もしなくなると指摘する。このように個人の私的情報に基づく均衡行動が生じることで，能力に見合った効率的な配置が実現されるという。しかも能力のある個人が昇進を目指して努力する際に挙げる成果が，現在の仕事の業績基準や賃金を上回れば，この差は企業にとってのレント（利ざや）にもなる。したがって，ここでの管理職への昇進機会は，能力の高い個人が昇進への努力を続ける上で仕事に対するインセンティブとなるよう，適切な職務のランクや数，仕事に付与される賃金と必要な業績水準，そして各レベルにおける昇進基準等が定められることが重要となる。

　他方，人的資源管理の観点からこの点を扱う佐藤・藤村・八代（2015）は，長期継続雇用を原則に置く日本企業の昇進管理には「育成」の側面が内包されていることを踏まえ，昇進のために従業員を選抜することは，その次の段階に進む候補者，すなわち育成対象者の絞り込みにつながり，ひいては育成のための投資の効率化につながると指摘する。このような絞込みは早期に行われるほど投資の効率化につながるが，人事考課など選抜のための情報収集期間が短期間であると，企業側がもつ情報と，個人が自分自身の能力や意欲等に関してもつ私的情報とに差がある「情報の非対称性」が問題となる可能性がある。投資効率を高めるために十分でない情報の下に早期選抜を行うと，かえって非効率を生む（投資対象に対して不十分かつ不正確な情報を基に誤った判断を下し，投資効率を低下させてしまう）可能性があることには留意が必要である。

　続いて，管理職への内部昇進がもたらす2つめの人事管理上の機能として，長期のインセンティブ機能について考える。日本企業における昇進の特徴につ

いて今田・平田（1995）は, 新規学卒者として同時期に入社した者（同期入社者）を母集団とし, ①（一定期間は）同期入社者が一律に昇進する一律年功モデル, ②（その後, 一定のタイミングまでは）同期入社者間で昇進スピードに差がでる昇進スピード競争モデル, ③その後, 昇進できる者とできない者が選別されるトーナメント競争モデル, へと段階的に移行する「重層型キャリア」であることを指摘している。

「トーナメント競争モデル」について補足的に説明すれば, 組織内の各階層で行われる競争の勝者がさらに次の競争に参加するチャンスを得, 長い時間をかけてヒエラルキーの上位に到達する勝ち抜き型の選抜システムである。トーナメント戦に類似していることからこのように呼ばれる。トーナメント競争モデルのメリットとしてMilgrom and Roberts（1992）は, 社員の評価を正確に数値化する必要がなく, 相対的な成績で評価を行えばよいので評価コストが安くすむ点を指摘する。デメリットとしては一度競争の敗者となると, 上位のポジションへ昇進する機会が失われ, モチベーションも失われることがある。したがって, 長期にわたってできるだけ多くの参加者のモチベーションを維持するには, 決定的な敗者が決まるトーナメントの開始を先送りにし, 多くの個人が競争の参加者であり昇進の可能性があると認知させる状態を長く続けることが必要である。

　このように考えると, 今田・平田（1995）が指摘する日本企業の重層型キャリアは, トーナメント競争モデルによる選抜開始前に, 一律年功モデルと昇進スピード競争モデルの方式を置くことで, トーナメントの開始時点を先送りにしているということができる。一律年功モデルには, 早期に選抜を行うことの情報の非対称性のデメリットを回避すること, スピード競争モデルには第一選抜での昇進が遅れた場合でも一定のタイミング[3]までは次の機会を提供することなどのメリットがある。さらには次の昇進の機会が断たれるトーナメント競争モデルの開始を遅らせ, 長期間多くの個人を競争に参加させるメカニズム, すなわち長期にわたり昇進をインセンティブとして機能させている面が大きい。これは管理職昇進が, 長期にわたり内部で行われることにより実効性があるといえる。

　なお，管理職昇進がインセンティブとして機能する理由は，ほとんどの場合，昇進は権限の拡大，社会的ステイタスの上昇に加え，階段状の大きな昇給を伴うことにあり，これが大きな動機づけの１つとなってきた。次節では，就業者に対する管理職の比率や，昇進の年代に加え，役職者の非役職者に対する報酬の比率とそれぞれの変遷など，管理職の状況や管理職への昇進の状況などについてデータによって確認をする。

2　管理職の現状：データから見る

(1)　管理職の数および就業者に占める比率

　本書が主たる対象とする，部下を直接管理するライン管理職の状況について，政府統計から把握を試みる。

　事業所を対象として実施する代表的な調査として「賃金構造基本統計調査」（厚生労働省）を取り上げる。賃金構造基本統計調査は常用労働者５人以上の民営事業所と10人以上の公営事業所の中から一定の方法で抽出された事業所を対象に実施される。そのうち常用労働者が100人以上の企業については，一定の方法で抽出した労働者に関して給与額などに加え，役職として「部長級」「課長級」「係長級」「職長級」「その他役職」の５つの分類による回答を求めている[4]。1981～2018年までの37年間の状況を図表１-１に示す。

　図表１-１を見ると課長と部長を合わせた役職者数は1981年の80.7万人から2016年に146.3万人と最大になり，2018年には138.4万人となっている。1981年から2018年の間に約58万人増加していることになる。これら役職者の一般労働者に対する比率（役職者比率）は，1981年の6.3％から，1980年代の後半～2000年代はじめにかけて上昇し，2005年と2007年の9.3％をピークにその後低下傾向にあり，2018年には8.5％となっている。

　この間の管理職を巡る大きな出来事は，1980年代の定年年齢の延長，1990年代後半以降の平成不況下における中高年のリストラ・配置転換，2007年をピークとする団塊の世代の引退などがある。役職者比率を考えるにあたっては，同

図表1-1 役職者数・役職者比率の推移

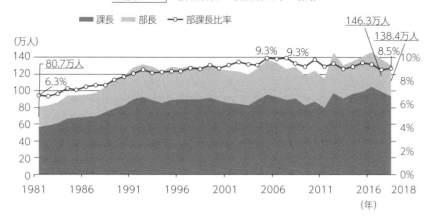

注：「部課長比率」は「部長級」と「課長級」の労働者数の合計を「一般労働者」の労働者数で除した
　　数字。
出所：厚生労働省「賃金構造基本統計調査」より作成。

時期の計算の分母となる一般労働者数に影響した事柄も確認する必要がある。
特筆すべきは平成不況下における新規学卒者の採用抑制である。

　これらの時代背景も念頭に課長（および部長）の数と比率の変化を検討する
と，次のように言えるだろう。

　まず，この間に生じた従業員の学歴構成の高度化（大学卒業以上の従業員比
率の増加）や定年年齢の引き上げは，学歴や勤続年数（年齢）に応じて配分す
る企業の昇格・昇進ルールのもとで，役職者要件を満たす者の数（管理職供給
量）を増加させたと考えられる。一方で，同じ時期に生じた資本移動の自由化
や規制緩和，グローバル化により企業の意思決定はスピードを求められるよう
になって，組織のフラット化や分社化などによる現場への権限移譲が進み，管
理職の必要数（管理職需要）は減少したと考えられている[5]。しかし管理職に
対する需給のバランスが変わった後も企業は昇格・昇進のルールを見直すこと
はなかった。

　なお管理職需要が減少したことに対し，企業は「専門職制度」を利用して，
役職につかない「管理職待遇」[6]の者を処遇したと指摘されている（八代，
2011）。つまり賃金構造基本統計調査の部長や課長の中には，この調査が定義

する「部長級」や「課長級」に相当する職務の内容や責任（権限）および部下を有していないにもかかわらず[7]，企業がそれらの役職者に該当する者として回答しているケース（役職に該当する権限もなく部下もいない「部長相当」や「課長相当」）が含まれている可能性が考えられる。

　ここでは詳しく取り上げないが，世帯単位に行われる国の基幹統計の1つである国勢調査（総務省）は，国際的な職業分類（ISCO）に基づいた日本職業分類（JSCO）によって管理職の捕捉を行っている。国勢調査では被調査者に「本人の仕事の内容」を回答してもらい，総務省統計局がその仕事の内容を管理職と判断した場合に管理職（管理的職業従事者）とする，いわゆるアフターコーディング方式をとっていて，そのため管理職という役職とその他の職種を兼ねているいわゆるプレイング・マネージャーやスタッフ職の場合には，管理職でない方に分類されることが少なからずある。つまり国勢調査が「管理職」とするのは，実質的な仕事の内容として経営・管理に専ら携わる者と考えられるのだが，この数字を民間の管理職（部長，課長などの役職別に捕捉することはできない）に該当するものだけ取り出してみると，図表1-2，3とほぼ同時期にあたる1980年～2015年の間，一貫して役職者数も役職者比率も減少傾向を示している（大井，2005；神林・樋口，2018）。事業所調査であり，調査する企業規模も役職者の定義も異なる賃金構造基本統計調査と比較はできないが，2つの調査の時系列的傾向が逆の向きを示していることには留意が必要であろう。1つの解釈として，専ら監督者としての役割だけを果たす者は減少しており，何らかのタスク遂行も役割とするプレイング・マネージャーや上述の「部長相当」「課長相当」が増加している側面を切り取っていると考えることもできるのではないだろうか。

　なお，賃金構造基本統計調査も前述のように役職者の定義が回答者に正しく理解されているかという課題に加え，調査対象が企業規模100名以上に限定されていることや，集計結果が一般労働者に限定されていて「非正規社員の基幹化」[8]の影響を捉えきれていない（神林・樋口，2018）などの課題が指摘されており，「ライン管理職」の実態を正確に捉えることはできない。管理職に関する議論を行うに当たっては，実態に即した定義，調査実施が必要とされるとこ

ろである。

⑵　管理職への昇進のタイミング

　図表1-2は1985年〜2015年の賃金構造基本統計調査より，男性従業員のみを対象として同じ世代の従業員のうち，課長以上（課長，部長），部長の役職の人の割合を，世代ごとに示したものである（実際のデータは年齢階級で示されているが，これを生まれ年に置き換えている）。

　まず「課長以上の比率」を見ると，すでに60〜64歳に達した1951〜1955年生まれ世代に対し，次の1956〜1960年生まれの世代は40歳後半で昇進した者の比率が高まっている（前者26.8％，後者32.3％）。しかし次の1961〜1965年代生まれのコーホート（集団）では40歳代前半の比率こそ，それ以前の2つのコーホートに比べ微増したものの，2000年代後半にあたる40歳代後半では直前世代に比べて比率が低まり，50歳代に差し掛かってもそれ以前の世代の比率を上回ることはない。

　「部長比率」も同様の傾向で，40歳以降の年代では，1956〜1960年生まれ世代の昇進率が，それ以外の生まれ年コーホートよりも高い。それ以降の世代がそれを上回ることはない。40歳以降の年代に限ってみれば，むしろ後のコーホートになるほど昇進率は徐々に低く抑えられる傾向となるなど，昇進のタイミングには遅れが見られる。

　なお，参考までに職階別の平均年齢を図表1-3に示す。1981年〜2015年の約34年間に部長職の平均年齢には3.4歳，課長職の平均年齢には4.3歳の上昇がみられる。

図表1-2 世代別年代別役職者比率（男性のみ）

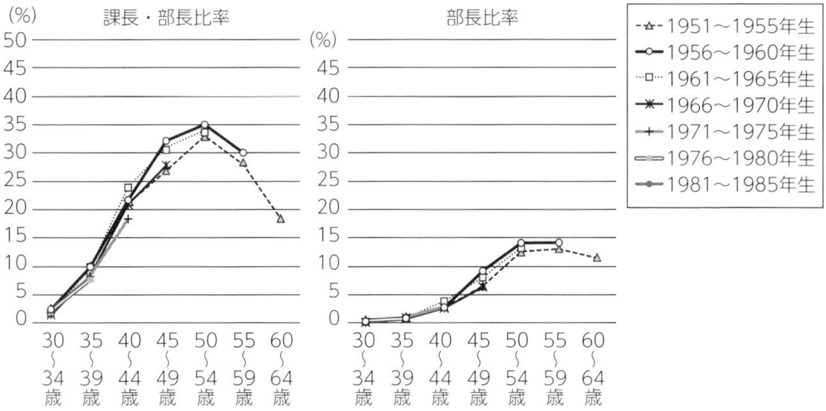

出所：厚生労働省「賃金構造基本統計調査」より作成。

図表1-3 役職別平均年齢の推移

(単位：歳)

	1981年	1985年	1990年	1995年	2000年	2005年	2010年	2015年
部長	49.1	49.6	50.3	51.6	52.0	51.5	51.9	52.4
課長	43.7	44.7	45.4	46.5	47.0	47.3	47.5	48.0

出所：厚生労働省「賃金構造基本統計調査」より作成。

(3) 管理職の賃金

　昇進がインセンティブとして機能する大きな理由の1つには，前述のとおり管理職昇進時に賃金が階段状に高まることがある。勤続年数に応じて急勾配で上昇することで知られる日本の賃金プロファイル（年齢別構造）は，従来は企業での人的資本の蓄積に見合い，勤続年数（年齢）とともに生産性が高まったという側面だけでなく，労働者の定着を促進し努力を引き出すものとして設計されてきたと指摘されているが，特に昇進時の賃金は非連続に高まることから，インセンティブとしての効果が高いと考えられてきた[9]。

　長期にわたるインセンティブとして機能しうる管理職への昇進について，昇進のタイミングの推移を図表1-2で確認したので，ここでは昇給後の給与の

図表1-4 | 非役職者に対する役職者の相対賃金

企業規模：100人以上（年収）　　企業規模：1000人以上（年収）

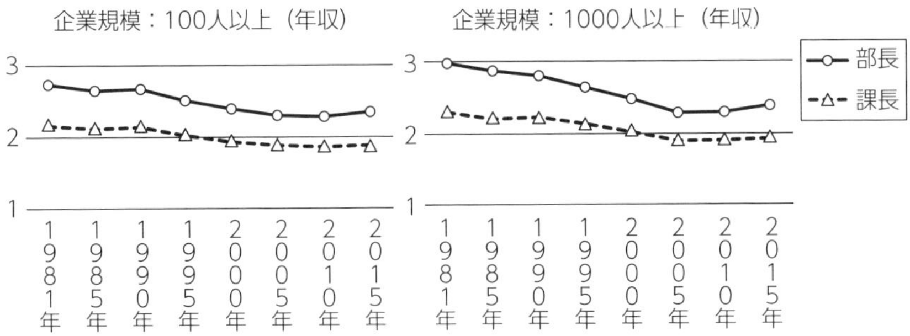

注：年収は「所定内給与額×12＋年間賞与その他特別給与額」として計算。時間外勤務手当などは含まない。
出所：厚生労働省「賃金構造基本統計調査」より作成。

水準の変化を確認する。

　図表1-4は，非役職者に対する役職者の相対賃金（年収倍率）の推移を，企業規模別，役職別に示している。企業規模100人以上，1,000人以上ともに1990年代後半から2010年の不況期に役職者の相対賃金の低下が見られる。前節の昇進のタイミングや役職者比率と合わせて考えれば，勤続年数に応じた昇進や賃金の配分ルールの下，1990年代後半以降，企業の年齢構成の高齢化による賃金上昇圧力と不況下における人件費の圧縮意向との双方を受けて，昇進のあり方が変化していることがうかがえる。

⑷　管理職の働き方

　これまで見たとおり統計での捕捉が困難な管理職について，その働き方の平均像を示すことは難しい。その中で，独立行政法人労働政策研究・研修機構が2009年に実施した調査を分析した小倉（2009）は，管理職の実労働時間や業務負担についていくつかの示唆を与えている。課長クラス（n=613），部長クラス（n=242）の実労働時間の平均は，一般社員や係長・主任クラスに比べて長く，かつ職階が上がるに従い労働時間の分布は長い方の比率が多くなる（図表1-5）。

　その理由として仕事量が多いことが挙げられるが，仕事量は出退勤時間の裁

24

量性からは影響を受けず，人事関連業務（採用・配置など）を担当することと，場所の可変性（通常の勤務場所以外で仕事をする）から，労働時間が長くなる方向へプラスの影響を受けていることが述べられている。管理職の働き方については4で，課題として再度取り上げる。

図表1-5 役職別に見た1カ月の総実労働時間の長さ別分布

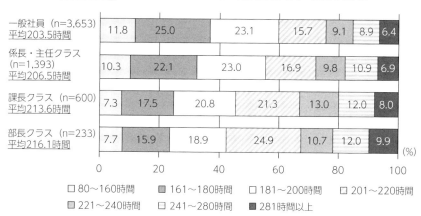

出所：小倉（2009）より作成。データは独立行政法人労働政策研究・研修機構が2009年に実施した調査。

(5) 女性管理職

政府統計のうち，狭義の管理職を捕捉していると考えられる国勢調査と，広義の管理職を捕捉していると考えられる賃金構造基本統計調査では，管理職の数と比率についての時系列的な動向が異なることは前述のとおりだが，その中で両調査において時系列的動向が符合するのが女性管理職の比率である（図表1-6）。

管理職に占める女性の割合を示す女性管理職比率は，女性の活躍を示す重要指標の1つとされており，2016年に施行された女性の職業生活における活躍の推進に関する法律（以下，「女性活躍推進法」という）でも，301人以上の労働者を雇用する事業主がまず把握すべき4項目[10]のうちの1つとされている[11]。民間企業では課長以上の管理職を含むいわゆる指導的地位に就く女性の割合に

目標値を定め国際的に達成を目指そうという国連の合意[12]や，それを踏まえた日本政府の目標[13]を踏まえると，このような動きが長期的な傾向として見られることは重要である。

　また女性管理職比率は，多様な人材が育成され活躍していること，すなわち組織のダイバーシティの指標と捉えられることもあり，量的な観点だけでなく，組織の改革や活性化，公平な登用など質的な観点から重要だとの指摘もある。

図表1-6　女性管理職比率

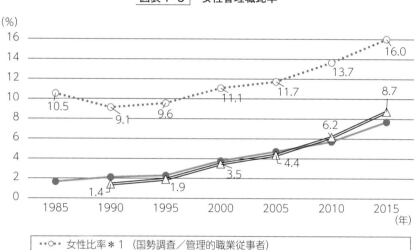

*1　女性の値を，男女合計の値で除した値。
*2　管理的職業従事者の総数から役員と業主を除いた値（雇用者と家族従業者の合計）の女性比率。
*3　課長以上は，課長と部長を合計した値。
出所：総務省「国勢調査（職業小分類×従業上の区分（7分類）を集計した抽出詳細集計）」厚生労働省「賃金構造基本統計調査」

　時系列的には上昇が見られる女性管理職比率であるが，いくつかの問題も指摘されている。たとえば女性就業者比率（就業者に占める女性の割合）の高さに比べた相対的な比率の低さ，国際的には先進諸国の中で依然として低位であるという点，また女性管理職を増加させること自体を目標とし，十分な業務経験や育成のプロセスを経ないまま，単に目標達成のために女性を管理職に登用

するという事象が生じていないかとの懸念もある。このような登用が行われる
と，周囲から「能力は劣っているが，女性だから登用された」などの劣性の烙
印（スティグマ）が生じ，そのような登用を受けた女性も，また十分な能力を
備え登用された女性もともに傷つくこととなる。このような女性活躍に関わる
課題は「シリーズ　ダイバーシティ経営」の『女性のキャリア支援』で詳細に
論じるので参照されたい。

3 管理職への要請：必要となる能力と経験・評価

(1) 管理職の役割と管理理念の変遷

　管理職の役割は，「決められたことを決められたように部下にやってもらう
こと」がその基本であり（金井，1991），この点は昔も今も変わらない。管理
職の役割の多くは，社会が変化してもある程度共通した性質を持っていること
は第5章でも示される。

　一方で，管理の対象となる個人（労働者）をどのような存在として捉えるか
という労働者観，すなわち管理理念（managerial philosophy）は時代ととも
に変化している。そこには人間理解に関する諸科学（産業心理学，産業社会学，
行動科学など）の発展も大きく影響している。さらに，基幹産業の第三次産業
への大きなシフトや個々の労働者の教育水準の高まり，経済活動の自由化・グ
ローバル化，労働力構成の変化と多様化する労働者，特にマイノリティの人権
尊重に対する社会的要請の高まり，多くの先進国に共通してみられる人口減少
などの経済的・社会的な与件の変化の影響もある。

　管理職の部下管理，それに影響を与えた要素について，ダイバーシティ・マ
ネジメントへと続く労働者観（管理概念）の変化を長期的なレンジで概観して
みる。

　管理職は，本章冒頭で示したように，19世紀末～20世紀初頭頃，小規模な企
業が複合化し大企業へと組織形態を変える過程で生じてきた。企業の所有者で
も伝統的支配階級でもない彼らは，合理性と効率性を重んじる経営管理の専門

家として労働者管理を含む諸機能を掌握していった（Kanter, 1977）。当時の
管理職が持っていた労働者に対する見方は生産要素理念（the factor of
production philosophy）に基づくものであって，労働者を最低限のスキルのみ
を持つ交換・代替可能な生産要素と捉えていた。また，労働者は管理者の目が
届かないところではさぼる傾向があり，経済的利益のために行動する「経済
人」であると見ていた。管理職の役割は，組織の下位に位置する成員（労働
者）を，組織の全体的計画に沿って管理（課業管理[14]）し，作業量，時間，場
所を合理的に配分し，ラインの上方にある権威に従わせることであった[15]。上
司－部下の権限関係に基づく工業時代の労働者（部下）管理のあり方といえる
だろう。

　1920年代，ホーソン工場で行われた実験[16]とそれに続く理論の体系化により，
労働者に対する管理職の見方は人間関係理念（the human relations
philosophy）に基づくものへと移行する。労働者は職場集団やその内部の人間
関係によって動機づけられ，統制される社会的存在（「社会人」）であるとみら
れるようになり，職場集団のチームワークの形成・維持やコミュニケーション
の円滑化など人間関係管理の手法が積極的に取り入れられるようになる（岡田,
2008）。

　1970年代の人事管理には従来の"personnel administration"に代わり，
"human resource management"という用語が広く使われるようになる。人は
自らの知的好奇心や自己実現要求によって仕事に取り組む「自己実現人」であ
るとの見方が広がり，労働者の生産能力を有効に引き出すため，人間的尊厳を
重視する人的資源理念（the human resource philosophy）に基づくマネジメ
ントが志向される。Drucker（1954）は，人格を持つ存在としての人間は「働
くか働かないかについてさえ，本人が完全な支配力を持っている」とし，「人
的資源については常に動機づけが必要」としている（上田惇生訳（2006，下），
p.104）。

　こうした考えやマネジメントが導入された背景には，経済学領域の人的資本
論の発展もある。労働者は，資本家と労働－給与という交換関係を持つに過ぎ
ない生産市場で取替可能な存在から，資本家が生産を行うために用いる資本

（人的資本）を有する存在へと変化した。労働者は人的資本を獲得するため自ら教育に対する投資行為を選択して行い，資本家からの需要に対して労働市場でこれを供給し，利益を得たり損失を被ったりする存在となった。働く人の人的資本の獲得が資本家と労働者の共通の関心事となることで，労働者も（教育・訓練など能力開発を通じて行う）投資計画の参加者となった（Lin, 2001）。

　このような理論を取り入れつつ，行動科学におけるモチベーション理論やリーダーシップ理論の発達による包括的な人間理解の進展を踏まえて人的資源管理は形成されてきた。特に行動科学では，階層的な成長欲求を持つ，いわゆる自己実現人モデル（self-actualizing man model）に基づく人間像が提示され，労働者の個人的欲求を充足する必要性と重要性が認識される。リーダーシップについては，ヒエラルキーを前提とする上司・部下間の権限，指揮命令によるものから，チームを前提にリーダー・フォロワー間に生じる対人的影響力としての理解へと変化している。工業時代の，外的報酬との取引関係に基づくトランザクショナル（交換型）・リーダーシップから，達成感ややりがい，成長など内的報酬を重視するトランスフォーメーショナル（変革型）・リーダーシップへと変化が見られる（第4章，第6章参照）。

　次に，本書の中心的テーマである職場成員のダイバーシティの進展が，企業の人的資源管理の実践に変化を与えてきたといわれる点を見てみよう。米国では1961年のケネディ大統領による大統領行政命令10925号などをきっかけにアファーマティブ・アクション概念が登場し，さらに均等賃金法（The Equal Pay Act, 1963），市民権法（The Civil Rights Act, 1964）が成立して，企業はこれらの差別に関する訴訟への対処を求められるようになる。これに伴い，法廷での優位を守るため，企業は管理職による現場のライン管理者にこれらアファーマティブ・アクションの説明責任を移管し，人事部はそのチェックにあたる機関となるという制度的対応が行われてきたと指摘される（Dobbin, 2009）。管理職の役割は，この時代から，職場成員の多様化に対応した人的資源管理を担う存在となっていった（第5章参照）。また前述のとおりそこでは，職場成員の能力開発，モチベーション管理，人間関係がもたらす感情的問題への配慮なども同時に，管理職の役割とされるようになっていった。

　このように基幹産業のソフト化,経済活動の自由化,技術開発サイクルの短期化,それらとも呼応する教育水準の高度化による個人の人的資源の蓄積,人権尊重を求める社会的要請,職場の多様性の進展などの動きが,管理職に新しいリーダーシップやダイバーシティ・マネジメントの運用を求めるようになってきた。それらの動きが加速している状況を見れば,今後一層管理職によるダイバーシティ・マネジメントへの要請は高まり,それに応じた役割が求められることが予想される。次項では,現場の管理職が,自身に求められる役割や能力の変化についてどのように感じているかについて見ていく。

⑵　管理職の役割の変化と求められる能力

　ライン管理職の役割の変化についてHales（2005）は,業務の監督から「チームリーダー・コーディネーター」もしくは「ビジネスユニットマネージャー」へと変化し,かつその責任が急速に高まっていると指摘している（第5章参照）。管理職のマネジメントの役割の多くは,社会が変化してもある程度共通した性質を持つ一方で,仕事の質的変化や職場成員のダイバーシティの進展などにより,管理職に求められる部下の管理や育成,コミュニケーションが,同質な部下に対する命令・統制という一方的なものから,多様な部下に対する対話型へと変化している。

　管理職の役割の変化に対応して,管理職に求められる能力やスキルはどのように変化しているであろうか。この点について,実際に管理職自身がどのように認識しているのかについての調査結果を示す（図表1-7）。

　図表1-7で注目されるのは,「あなたが入社した頃」と現在の比較で,必要度が大きく上昇している項目である。なお,当該調査の回答者は35～49歳の管理職であるため,回答者を大学卒業者と仮定すれば「あなたが入社した頃」は13～27年前（1990年～2005年頃）である。当時から20%ポイント以上の上昇がみられるのは図表中④～⑩の7項目である。中でも現在必要な能力として選択した人が最も多く,かつ入社した頃との比較で増加幅が大きい項目が「⑦部下を指導・育成する能力」である。

　さらにこの能力は,現在の重要性に比較し,管理職昇進時に評価されたと認

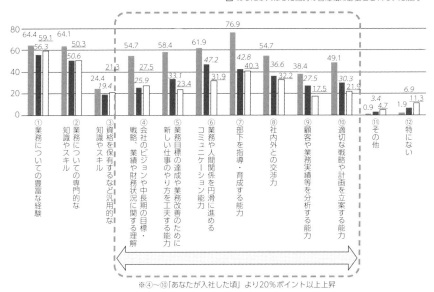

図表1-7　管理職に必要とされる能力（複数回答）

■ 現在，管理職にとって必要な能力
■ あなたが管理職になる時に評価された能力
□ あなたが入社した当時の管理職に必要とされていた能力

※④〜⑩「あなたが入社した頃」より20％ポイント以上上昇

出所：中央大学大学院戦略経営研究科ワーク・ライフ・バランス＆多様性推進・研究プロジェクト
（2018）「『職場における男女正社員の育成に関する管理職調査』研究の概要とアンケート調査結果－営業部門の管理職を対象に」[18]

識している程度が低い点に特徴がある。当該調査の調査対象が営業組織に属する者に限定されている点[17]には留意が必要であるが，管理職昇進の際に勤務先から評価されたのはどのような点であるかを示した図表1-9でも「若手の指導をしてきたこと」が昇進時に評価されたとする得点が低いことから，管理職に求められる能力として部下育成が重要とされながら，管理職登用の際の昇進基準としては重視されていないことがわかる。

(3)　管理職は必要なスキルを獲得する経験をしてきたか

　上記のような管理職に必要とされる能力やスキルを，管理職は実際に保持しているだろうか。能力の開発やスキルの獲得は仕事経験によってもたらされる

のだとすれば，管理職登用までに管理職に求められる能力を獲得・伸長させる
ような，仕事経験をしているのか，あるいはそれらの経験をするよう昇進基準
に明示されることで組織の期待が示されてきたか，といった点が重要になろう。

　たとえば，管理職の76.9％が，管理職に必要な能力として選んだ「部下を指
導・育成する能力」につながる仕事について見てみよう。（なお，この調査は，
前掲の調査とは異なる対象によるものである点には留意が必要である。）

　図表1-8は，年代別，部門別に「他の社員の教育や育成に責任をもって対
応する仕事」の経験の状況を示している。

図表1-8　管理職になるまでに経験した仕事

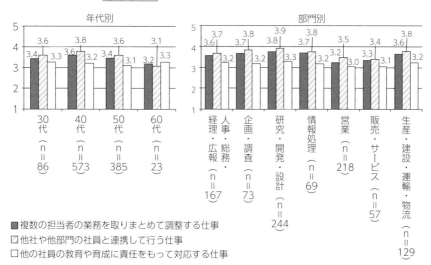

■複数の担当者の業務を取りまとめて調整する仕事
▨他社や他部門の社員と連携して行う仕事
□他の社員の教育や育成に責任をもって対応する仕事

注：回答は「5：毎日のように経験した」〜「1：全く経験していない」の5段階で尋ねた。
出所：中央大学大学院戦略経営研究科ワーク・ライフ・バランス＆多様性推進・研究プロジェクト
　　（2014）「『ワーク・ライフ・バランス管理職に関する条件調査』報告結果の概要」[19]

　30代〜50代についての年代および所属部門にかかわらず，「他の社員の教育
や育成に責任をもって対応する仕事」を経験した頻度は「複数の担当者の業務
を取りまとめて調整する仕事」や「他社や他部門の社員と連携して行う仕事」
を経験した頻度に比べ低い状況がうかがえる（なお60代については，他の2つ
のタイプの仕事経験に比べて「他の社員の教育や育成に責任をもって対応する

仕事」の経験頻度はわずかに高いが，水準自体は他の年齢層と同程度である。何より60代についてはサンプル数が少ないため留意が必要）。

　図表1-9は管理職が自らの昇進時，どのような働きぶりや能力・態度が評価されたと考えているのかを示している。はじめて管理職に昇進した際に勤務先から評価されたと考える程度を「5：評価された」～「1：評価されなかった」の5段階で尋ねた結果を，昇進の早さについての本人の「早かった」，「遅かった」[20]との認識別に示している。

　昇進が早かった人が昇進時に評価されたと感じている項目を見ると「仕事の目標を十分に達成してきたこと」（平均値4.1）が高く，昇進基準が業績目標達成への努力を引き出すインセンティブとして機能していることがうかがえる。しかし「当該部門の仕事に必要な能力があること」（平均値4.2）および「仕事に必要なスキルや知識があること」（平均値4.2）の2項目は業績目標達成の基準よりも高い。これは目標達成度（成果）もさることながら，職能資格等級制により昇進が決まっている状況を示唆するだろう。

　他方，「若手の指導をしてきたこと」は昇進の速度にかかわらず低位である。図表1-7と合わせて考えると，現在管理職に到達している人の中で若手・部下の育成に関わる経験をした人は少なく，それを評価される機会もさほどなかったことになる。すなわち，現在の管理職にとって必要な能力とされながらも，過去にそのような仕事の経験は必ずしも十分でなく，必要な能力やスキルを備えているとは考えにくい状況がうかがえる。

　職能資格等級制のもとで，現在管理職に必要とされる能力を備えているか否かという点よりも，過去の業績，所属部門における現時点での能力やスキル・知識などが昇進要件として重視されることはどのように考えられるだろうか。おそらく，管理職昇進後の仕事も従来の仕事の延長線上にあって連続的であることを前提としているのではないだろうか。また，今後とも当該部門で必要とされる能力やスキル・知識は安定的，もしくは管理職の仕事に誰が就いても実際にはあまり変わりがないこと，などが前提になっているかもしれない。

　しかし現状では，企業の仕事を取り巻く環境は大きく変化しており，将来必要とされる能力やスキル・知識を見通すことは難しい。部下の育成や，本書が

これから検討を進めるダイバーシティ・マネジメントなど,これまでに経験の
ない新たな困難な課題に対処しなければならないのが管理職である。

さらに,前節で見たように管理職への昇進が発生する頻度や時期,インセン
ティブあるいは褒賞としての魅力などは変化している。昇進の確率は低くなっ
ているが,このことは従業員間の競争をより激しいものにするかもしれないし,
逆に優れた能力を持つ一部の人以外の昇進への意欲は削がれるのかもしれない。
また以前より外的褒賞としての魅力度は低下している傾向にあるので,以前ほ
ど努力を引き出す要因にはなりにくくなっているかもしれない。外的インセン
ティブとしての昇進の意義について再検討する必要があるだろう。企業にとっ
て重要な仕事に誰がつくのかが,組織の業績や組織構成員の満足度に与える影
響は大きいのか小さいのか,その判断を踏まえ,どのような管理職への登用基
準が望ましいのか,企業全体のインセンティブ設計をどのように考えるのかに
ついて企業は改めて検討する局面にあると言えるのではないだろうか。

本書はそのような基準をここで議論するものではなく,確認すべき点は,管
理職に必要な能力を,管理職がこれまでの経験で十分身に付けているとは言い

図表1-9　管理職昇進の際に勤務先から評価されていたこと（昇進の速度別）

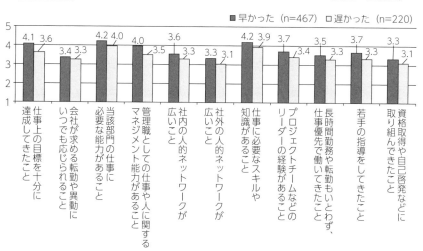

出所：中央大学大学院戦略経営研究科ワーク・ライフ・バランス＆多様性推進・研究プロジェクト
　（2014）「『ワーク・ライフ・バランス管理職に関する条件調査』報告結果の概要」

難く，この乖離に，管理職自身が戸惑いを感じている可能性もあるという点である。

4 管理職の新たな課題

(1) 労働法上の定義と実態との乖離

　ここまで述べてきたように，管理職の実態は多様である。最後に労働関係法が管理職をどのように捉えているかを見てみよう。あわせて現状との乖離と，それによって生じている課題を指摘したい。

　労働基準法第41条は，管理職は労働時間（同法第32条），休憩（同法第34条），休日（同法第35条）の規定の適用除外となることを述べている（同法第41条第2号）。労働時間の適用を受けないため深夜労働以外の時間外労働に対する割増賃金（同法第37条）の対象とならない（ただし，働き方改革関連法の一部として，原則2020年4月以降は管理職も客観的方法による労働時間の把握対象に含まれることとなり，長時間労働の場合には医師による面接指導が確実に行われる）。なお，労働基準法第41条第2号の管理職は「監督若しくは管理の地位にある者」である。すなわち管理・監督者である管理職は，それぞれの組織の責任者として部下を管理・監督して業務を遂行し，部下の人事考課を行い，経営者と一体となり経営を左右する仕事に携わり，情報を上司や部下へ伝達するなど，使用者・経営者側に近い労働者であると位置づけられていると考えられる。

　また部下の人事考課を行うなど，部下にとっては使用者の利益を代表することも多いため，労働組合法第2条は，管理職は労働組合の構成員にはならないと定めている。

　ただし，このような「労働時間管理の対象にならないこと」「労働組合の組合員にならないこと」といった労働関係法上の管理・監督者の意味するところと，現実の管理職の実態の間にはしばしば不一致が見られる。処遇を職能資格と連動させ，職務や職位（役職）とは弱い連動しかもたない職能資格等級制度

が現在も多くの日本企業で用いられていることが，そのような不一致の背景にある。1994年実施の雇用促進事業団・連合総合生活開発研究所調査では，残業代支払いや組合員資格の有無を決める際の基準には，仕事の内容でなく，資格（職能資格等）を用いているという企業が，約半数あった。

　実態と法律上の管理職の意味するところが一致しないことの背景の1つには，IT化の進展による管理職の業務内容の変化があるとも指摘される（八代，2009）。2008年頃よりコンビニエンスストアやファストフード店の店長が，労働基準法第41条2号の管理監督者に該当するかどうかという問題が大きくクローズアップされた。それまでは，労働基準法に合致した権限や報酬を有していた管理職の業務（たとえば発注や顧客の管理など）が，IT化の進展によって各店舗を超える単位で集約的に管理・指示されるようになり，従来の店長の管理権限もヒエラルキーのより上位に吸収されるなどの事態が生じ，その結果，店長は本社の指示を忠実に実行する存在へと変質したという（八代，2009）。

　実態として管理職の業務とかけ離れてしまった立場に対して呼称上「店長」などの肩書を与えることで管理・監督者であるかのように見せ，労働基準法第41条2号の管理監督者に該当するとして，深夜労働以外の時間外労働への割増賃金（残業代）を支給していないことが問題となった。このように，長時間労働の人件費を抑えることが意図された実態のない管理職は「名ばかり管理職」と呼ばれる。

　このような事例を防ぐため，行政通達や裁判所は，管理・監督者であるか否かは，呼称にとらわれず実態に即して判断すべきとし，①企業経営に関する重要事項に関与している，②部下に対する採用や人事考課などの権限を持っている，③勤務の実態が労働時間規制には馴染まない，④賃金（基本給・手当・一時金等）において相応しい処遇を受けている，などの管理・監督者に該当するための条件を示している。

⑵　管理職の働き方

　2で管理職の働き方について，課長クラス，部長クラスの労働時間は一般社員，係長・主任クラスに比べ平均して長く，階級ごとの分布では長時間の階級

への分布が厚い（図表1-5）ことを示した。その理由は仕事量が多いことであって，仕事量は人事関連業務（採用・配置など）と場所の可変性（通常の勤務場所以外で仕事をする）から増加の方向へ影響を受けるという小倉（2009）の分析を紹介した。

　この指摘を踏まえると，今後の管理職の働き方について少なくとも下記2点が懸念される。

　1点目はワーク・ライフ・バランス（以下WLB）を実現し，ダイバーシティに取り組もうとすることで増加するであろう管理職の業務負担と労働時間の問題である。WLBやダイバーシティの実現に取り組むには部下の1人ひとりにかかる管理監督，チーム内調整，部下育成など管理職にとって重要な業務である「人」に関わる業務が当然に増加する。今まで概要を述べてきたとおり，また本書の第3章以降で詳細を述べる，管理職のこのような業務にこそWLBやダイバーシティ実現の鍵がある。小倉（2009）の分析において，社員の採用・配置など人事業務に関わる管理職に業務負担の増加・時間労働の伸長の傾向が見られることは，今後の管理職の働き方にとっては極めて大きな懸念材料である。

　2点目は，働く場所の柔軟化と業務量・労働時間の関係についてである。これまで，たとえばWLBの実現は，仕事領域と生活領域を隔てる境界を弱め，2つの領域の統合を進めることで実現を図ろうとしてきた面が強い。仕事時間中に家族と連絡を取り合ったり，家でも緊急な仕事に対応したりすることなどでそれを図ろうとしてきたし，在宅勤務やリモートワークはそのための手段の1つであった。しかし近年のIT技術の進化は「いつでも，どこでも」仕事をすることが可能になることを通じ，一般的には仕事領域が生活領域を侵食している状況があるという（Kossek, 2016）。これは働き方の柔軟性が行き過ぎると，そこには新たなワーク・ライフ・コンフリクト（詳細は第6章参照）の危険が生じるというジレンマでもある。小倉（2009）の分析が示す仕事場所の可変性が高い管理職ほど仕事負担が重く労働時間が長いという傾向によって，この懸念は強まる。仕事領域，生活領域の間の境界の意義や設定の在り方について改めて考える必要に迫られている。

人の管理に関わる管理職の業務量の増加の懸念，IT技術の進化による仕事領域拡大の懸念は管理職個人が直面する課題というだけでなく，その広がりの範囲を考えれば，組織で対応すべき課題でもある。管理職の状況についての実態を把握し，組織として対応することが望まれる。

⑶　多様な部下とダイバーシティ・マネジメント

組織の構成員の多様化が進展している。性別，世代，人種，国籍など識別が比較的容易な要素の多様化もあるが，経歴やライフスタイル，価値観など，外部から判別が難しい要素の多様化もある。

詳細は以降の章に譲るとし，このような状況を考えれば，今後の職場マネジメントは上司と部下との1対1の関係性の集合としてではなく，メンバー間の要請を調整しつつ，目標の達成を図ろうとする，チーム単位の新しいマネジメントのアプローチに移行せざるを得ないだろう。

ダイバーシティ・マネジメントを行う上では，組織の多様な構成員それぞれが仕事で貢献できる職場とすること，個々人の状況に応じた育成・能力開発を支援することなどが重要となるが，その目的，実現の方法，実践のためのスキルや課題などは，必ずしも明らかにされているとはいえない。また，前節で確認したように，必要な能力やスキルを管理職が獲得しているとも言えない。以上の点については第2章以下で，丁寧に議論を進めていく。

POINTS

◆　管理職は組織が一定規模以上になると置かれることが一般的であり，組織運営上のメリット，人事管理上のメリットがある。組織運営上の機能としては情報処理機能・モニタリング機能などがあり，人事管理上の機能としては上位の仕事への効果的な人の配置のメカニズム，長期にわたるインセンティブ機能がある。

◆ 賃金構造基本統計調査をもとに管理職の現状を見ると，一般労働者に対する役職者（ここでは部長と課長の合計）の比率は1980年代後半から2000年代前半にかけ高まった後，若干低下傾向が見られる。ラインの業務管理は行わないスタッフ管理職や，他の業務も同時に行うプレイング・マネージャーなどが増加していることがうかがえる。また昇進のタイミング（年齢）には上昇傾向が見られる。外的インセンティブとして機能してきた非役職者に対する役職者の相対賃金には低下の傾向が見られる。

◆ 管理職に求められる能力，知識やスキルも変化している。現在必要な能力として管理職が選択した割合が最も高く，かつ管理職自身が入社した頃との比較で，管理職に必要とされる能力としての増加幅が大きい項目が「部下を指導・育成する能力」である。管理職昇進前のそのような経験が不足していることや昇進要件とされていないことなどには課題がある。

◆ さらに課題として労働法上の定義と実態との乖離，さらに人の管理に関する業務が増加していくであろう今後の管理職の業務の方向性を考えると，管理職の業務負担や労働時間の増加が懸念される。さらに今後の管理職にとっての1つの大きな課題がダイバーシティ・マネジメントへの対応である。

|注

1　八代（2002）はライン管理職に加え，労働基準法第41条の規定により残業手当が支給されない者，労働組合法第2条に該当し，労働組合員ではない者も合わせ「管理職層」と呼称している。これらの労働関係法の定義と実態との乖離については第4節を参照。

2　組織行動論では，管理職が多階層化した組織の「連結ピン」（linking pin）として果たす役割・機能に注目した「上方影響力」の重要性が指摘されている。上方影響力とは管理職がさらに上位の管理職に対して有する発言力の大きさや自律性の程度を指し，管理職の部下に対する支持的な態度・行動（「従業員の味方となる」「従業員と親密である」）が部下の職務満足に対して与える影響を緩衝することが指摘されている。金井（2004）はこうした影響力は特に変革型の管理職（マネージャー）に要求されると指摘している。第6章も参照。

3　日本労働研究機構編（1998，脚注3参照）によれば，昇進するものとそれ以上昇進せず

に同一役職・資格に滞留する者との分化が明確になるのは日本の場合おおよそ22.3年（米国は9.1年，ドイツは11.5）という。また通商産業省産業政策局企業行動課編（1983）『高齢・高学歴時代の人事戦略－人事活性化の決め手』（産業能率大学出版部）は，昇進選抜のタイミングとして「課長昇進に際して」が45.6％と最も多かったことを示している。

4　さらに公表の際には雇用期間の定めのない労働者（一般労働者）についてのみを集計している。

5　労働経済動向調査報告（厚生労働省）によれば1980年代～2000年代半ばまでの職種別労働者過不足判断D.I. において，管理職は常に過剰であった。

6　多くの日本企業で広く見られる職能資格制度のもとでは「役職」と「（職能）資格」という2つの基準によって運用されている。両者の間には一定の対応関係があり，両者を厳密に結びつけている企業と両者を切り離している企業があり，最近では後者が多い。役職等級と資格等級の両者の格付け制度がある企業では，資格等級で上位資格に昇格した者の中から，役職昇進選抜によって役職に就くものが選抜される。1980年代半ば頃から管理職需要が頭打ちもしくは減少する中で，資格は達しているが実際に役職につかない者（役職につかない管理職）の増加が見られ，部下のいない専門職スタッフや高度専門職として処遇されるようになった。（八代，2002；佐藤，2004；佐藤・藤村・八代，2015）

7　たとえば「課長」については「事業所で通常『課長』と呼ばれている者であって，その組織が2係以上からなり，又は，その構成員が10人以上（課長を含む。）のものの長」＋「同一事業所において，職務の内容及び責任の程度が「課長」に相当する者」（ただし「課長代理」，「係長」等と呼ばれている者は除く）。

8　非正規社員の活用人数や正社員に対する非正規社員の比率が増加するという「量的基幹化」に加え，非正規社員の仕事を高度化し正社員と同じような仕事を担わせるという「質的基幹化」が生じ，さらには非正社員の中には管理的職務を任される事例も増えてきていることが指摘されている（小林，2000；武石，2003など）。

9　非連続の昇給およびそれ以外の効用が得られる昇進は，時として従業員間に競争をもたらす。仲間に後れをとらないため，または仲間よりも先を行くため懸命にかつ長時間働く競争をラット・レース（熾烈な競争）と呼ぶことがあるが，日本の企業は昇進のタイミングを遅く設定することで，従業員から長期にわたって高い努力水準を引き出すことに成功してきたといわれている（Milgrom & Roberts, 1992）。

10　4項目とは①採用者に占める女性比率，②勤続年数の男女差，③労働時間の状況，④管理職に占める女性比率。これらの状況の把握を通じて，自社の課題の分析を行うことが必要とされている。

11　女性活躍推進法では(1)自社の女性の活躍に関する状況把握・課題分析，(2)の課題を解決するのにふさわしい数値目標と取組を盛り込んだ行動計画の策定・届出・周知・公表，(3)自社の女性の活躍に関する情報の公表，を行うこととなっている。これらが義務とされるのは，2016年からは常時雇用する労働者が301人以上の事業主，2019年からは101人以上の事業主である。

12　国連経済社会理事会において採択された「婦人の地位向上のためのナイロビ将来戦略に関する第1回見直しと評価に伴う勧告及び結論」（ナイロビ将来戦略勧告）において「政府，政党，労働組合，職業団体，その他の代表的団体は，それぞれ西暦2000年までに男女の平

40

等参加を達成するため，指導的地位に就く婦人の割合を，1995年までに少なくとも30％にまで増やすという目標を目指し，それらの地位に婦人を就けるための募集及び訓練プログラムを定めるべきである」としている。

13　日本政府は脚注12の「ナイロビ将来戦略勧告」を受け「社会のあらゆる分野において，2020年までに，指導的地位に女性が占める割合が少なくとも30％程度になるよう期待する」との目標を掲げている。

14　代表的な論者は，よく知られるようにテイラー（F.W.Taylor, 1856-1915）である。「科学的管理法の父」とも呼ばれる。

15　労働者は，経済的地位の低下ならびに，労働強化，労働時間の延長を強制的に推し進めた資本に対し，自らの立場を擁護するために団結して組織的に抵抗した。

16　メイヨー（George E. Mayo, 1880-1949）やレスリスバーガー（Fritz J. Roethlisberger, 1898-1974）がウェスタン・エレクトリック社のホーソン工場で実施した。

17　ここでいう「営業組織」とは，法人顧客や個人顧客を対象に商品やサービスを販売すること，およびそれに関連する企画業務等を行う組織のことを指す。なお今回は，店頭販売は対象から除いている。

18　営業部門の管理職対象に実施された調査。①正規従業員規模100人以上の民間企業に勤務する，②本人の年齢35〜49歳の管理職（正社員であるもの），③営業部門に所属するもの，④部下の第一次考課のみを行う初級管理職であるもの，⑤25〜34歳の女性正社員の部下を１人以上持つもの，⑥現在日本に在住するもの，を満たす320名を対象に実施されている。なお，営業部門とは法人顧客や個人顧客を対象に商品やサービスを販売すること，およびそれに関連する企画業務等を行う組織のこと（店頭販売は対象外）と定義している。

19　調査は全国の企業規模300人以上の企業の部下をもつ課長クラスの男女社員1,068名を対象に実施されている。

20　実際には昇進の速度を「早かった」「やや早かった」「平均的だった」「やや遅かった」「遅かった」の５段階で尋ねている。「早かった」は「早かった」「やや早かった」を合わせた結果（n=457），「遅かった」は「遅かった」「やや遅かった」を合わせた結果（n=220）を示している。

| 参考文献

伊丹敬之（1986）『マネジメント・コントロールの理論』岩波書店

伊藤秀史・森谷文利（2009）「中間管理職の経済理論—モニタリング機能，情報伝達機能とミドルのジレンマ」『日本労働研究雑誌』No. 592 pp47−59

今田幸子・平田周一（1995）『ホワイトカラーの昇進構造』日本労働研究機構

大井方子（2005）「数字で見る管理職像の変化人数，昇進速度，一般職との相対賃金」『日本労働研究雑誌』No. 545 pp4-17.

岡田行正（2008）『アメリカ人事管理・人的資源管理史　新版』同文舘出版

小倉一哉（2009）「管理職の労働時間と業務量の多さ」『日本労働研究雑誌』No. 592 pp73−87

金井壽宏（1991）『変革型ミドルの探求−戦略・革新思考の管理者行動』白桃書房

神林龍・樋口美雄（2018）「管理職の一側面」DPRIETI Discussion Paper Series 18-J-013

小林裕（2000）「パートタイマーの基幹労働力化と職務態度―組織心理学の視点から」『日本労働研究雑誌』No.479 pp28- 42.

佐藤厚（2004）「中間管理職は不要になるのか」『日本労働研究雑誌』No.525 pp30-33.

佐藤博樹・藤村博之・八代充史（2015）『新しい人事労務管理 第5版』有斐閣

武石恵美子（2003）「非正規労働者の基幹労働力化と雇用管理」『日本労務学会誌』Vol. 5, No.1 pp2-11.

日置弘一郎・森雄繁・高尾義明・太源有（1998）『日本企業の「副」の研究―補佐・代行・支援…』白桃書房

八代充史（2002）『管理職層の人的資源管理－労働市場論的アプローチ』有斐閣

八代充史（2009）「なぜ『名ばかり管理職』が生まれるのか」『日本労働研究雑誌』No. 585 pp38－41

Dobbin, F.（2009）*Inventing equal opportunity*, Princeton, NJ: Princeton University Press.

Drucker, P. F.（1954）（上田惇生訳（2006）『現代の経営［上］［下］―ドラッカー名著集 2-3』ダイヤモンド社）

Kanter, R. M.（1977）*Men and Women of the Corporation*, NY: Basic Books.（高井葉子訳（1995）『企業のなかの男と女』生産性出版）

Kossek, E. E.（2016）"Managing work—life boundaries in the digital age" Organizational Dynamics, 45, 258-270.

Lin, N.（2001）*Social Capital: A Theory of Social Structure and Action*, Cambridge, UK: Cambridge University Press.（筒井淳也，石田光規，桜井政成，三輪哲，土岐智賀子訳（2008）『ソーシャル・キャピタル―社会構造と行為の理論』ミネルヴァ書房）

Milgrom, J. and Roberts, J.（1992）*Economics, Organization and Management*, CA: Prentice-Hall.（奥野正寛・伊藤秀史・今井晴雄・西村理・八木甫訳（1997）『組織の経済学』NTT出版）

第**2**章

ダイバーシティがもたらす影響と管理職

　管理職は，企業がダイバーシティ・マネジメントを推進する際，部下の
ダイバーシティが部門ならびに個々のメンバーに良い成果をもたらすと同
時に，ダイバーシティによって発生するさまざまな問題を最小限にとどめ
るように働きかけることから，ダイバーシティ・マネジメントの成否を分
ける極めて重要な存在となる。本章では，この点を理論的に理解すること
を目的として，最初にダイバーシティの定義と，職場のメンバーのダイ
バーシティが組織ならびに個人にもたらす影響を見ていく。次にダイバー
シティとその影響をつなぐメカニズムを説明するモデルを提示した上で，
近年注目されるダイバーシティとその影響との関係を左右する緩衝要因を
整理する。ダイバーシティでは，常に「ダイバーシティにはどのようなメ
リットがあるのか？」という点が議論の対象になるが，緩衝要因の重視は，
ダイバーシティが組織や個人にメリットをもたらすか否かはマネジメント
次第であること，さらにはマネジメントにおいてどのような点に注目すれ
ばよいのかを示す。管理職は複数の緩衝要因に関与することから，管理職
はダイバーシティ・マネジメントにおいて重要な役割を果たすと言える。

1　ダイバーシティとは何か

⑴　ダイバーシティの定義

　そもそもダイバーシティとは何か。ダイバーシティの代表的な定義を2つ紹
介することから始めよう。Ely and Thomas（2001）はダイバーシティを「2

人以上の個人から成るグループの特徴であり，典型的に1つの種類またはその他の人口統計的相違を意味するもの」（p.230）と定義した。彼らの研究上の関心は，人種や性別，宗教，国籍，性志向といった文化的アイデンティティと，文化的アイデンティティにおけるマイノリティーの地位向上にあったことから，ダイバーシティをもたらす範囲をデモグラフィック（人口統計学的属性）要因に限定している。

　もう1つの代表的な定義が，Jackson, Joshi, and Erhardt（2003）による「ワークユニットの中で相互関係を持つメンバー間に存在する個人的な属性の配置の状態」（p.802）である。彼らの研究上の関心は，職場でのメンバーの多様性がもたらす成果にあり，Ely and Thomasらの定義とは異なり，多様性をマジョリティー・マイノリティーといった格差とは捉えていない。

　このようにダイバーシティは，「多様性とは何か」というスタート地点となる定義の段階から，研究者の問題意識に基づく違いが存在する。多様性の捉え方がさまざまであることは，「ダイバーシティは組織にどのような成果をもたらすのか」という問いに対する答えを多様なものとするだけでなく，そもそも「成果があるのかないのか」というような基本的な問いに対しても，矛盾する答えを提示することさえある。このようなダイバーシティという言葉が指し示す多様性は，早くからダイバーシティ研究の課題として指摘されている。

⑵　先行研究で取り上げられてきたダイバーシティの類型

　職場のダイバーシティ研究では，どのようなダイバーシティに注目してきたのだろうか。ダイバーシティを整理する際に，よく使われる区分が，関係志向属性（relationship-oriented attributes）とタスク志向属性（task-oriented attributes）という2群である（図表2-1）。関係志向属性とは，個人が他者と対人関係を構築する際に手がかりとして用いられるが，タスクのパフォーマンスに対して明らかな直接的影響は与えない属性のことである。関係志向属性は，個人の属性的特徴と職場や組織全体といった，集団の属性的特徴との相違点に注目する。それは，相違が大きいと親密性が低くなるというように，相違点が集団の対人関係に影響を与えるからである。関係志向属性には，年齢・性

別・パーソナリティなどが含まれる。一方，タスク志向属性とは，チームでの仕事に影響を与える属性のことであり，組織でのテニュア（終身在職権）や教育水準，タスクに関連する知識などが含まれる。

　また，表層的ダイバーシティと深層的ダイバーシティという区分もある。表層的ダイバーシティとは，認知しやすいダイバーシティのことであり，性別や年齢，テニュアの有無，教育水準などが含まれる。一方，深層的ダイバーシティは，容易には認知されず，コミュニケーション等なんらかのやり取りを通じて初めて知ることができるダイバーシティのことであり，タスクに知識や経験などが含まれる。

図表2-1　ダイバーシティ研究で取り上げられる多様性の分類

	関係志向属性に基づく多様性	タスク志向属性に基づく多様性
認知しやすい属性に基づく多様性（表層的ダイバーシティ）	性別 年齢 エスニシティ 国籍 宗教	部門／ユニットのメンバーシップ 組織でのテニュア 公的な資格や役職 教育水準 専門家集団の会員
認知しにくい属性における多様性（深層的ダイバーシティ）	性格 態度 価値観 人種／エスニシティに関するアイデンティティ 性に関するアイデンティティ その他の社会的アイデンティティ	タスクに関連する知識 組織に関する知識 経験 認知能力 コミュニケーションスキル メンタルモデル

出所：Jackson and Joshi（2011）

　Harrison and Klein（2007）が提示した類型も頻繁に引用される。彼らは，ダイバーシティを「ある共通する属性X（勤続年数，人種，職務，給料）について，同一ユニット内のメンバー間の相違の度合いを示すもの」と定義した上で，「距離（separation）」「種類（variety）」「格差（disparity）」という3類型を提示した（図表2-2）。

　距離は，メンバー間で意見や立場が異なっている様子について，水平的な視点からのメンバー間の価値観，信念，態度，意見などの違いに注目したものである。たとえば同一職場内での組織コミットメントの高低といった個人差が距離に該当する。距離のダイバーシティが最小である場合，メンバーすべてが同一の価値観や信念を持っていることになり，その組織はメンバーにとって快適であるが，変化が生じにくくなる。逆に，距離のダイバーシティが大きくなると，凝集性が低下し，対人コンフリクトや不信感が増し，タスク・パフォーマンスが低下する。

　種類は，組織メンバーが有する経験や知識，物事の捉え方の違いに着目するものであり，組織内における情報，知識の多様性に注目するものである。経験や知識，物事の捉え方は，それまでの教育や経験，訓練などによって個人間で異なる。種類のダイバーシティの高さは，組織メンバーが多様かつ独自の情報を持つことにつながると同時に，質的に豊かなネットワークの構築につながる。結果として，このタイプのダイバーシティは，タスク・コンフリクトを増加させるものの，イノベーションや意思決定における質の向上，組織の柔軟性の向上をもたらす。

　格差は，メンバー間における給料，地位，権力といった価値のある社会的資産や資源が集中する程度に着目し，これらの資源がどの程度，不均質，不平等に散らばっているかという垂直方向での違いに注目したものである。格差のダイバーシティが極端に大きくなると，組織は少数の特権階級とその他大勢という構成となる。この場合，組織内のメンバー間での競争が激しくなったり，差別が発生したりする。同時に，一部に権力が集中することで，メンバー間の類似性が高まり，メンバーは沈黙し，創造性が抑圧され，離職が増える。

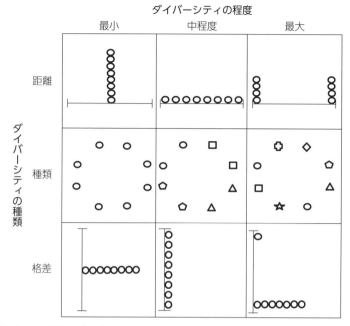

図表2-2　ダイバーシティの種類

出所：Harrison and Klein（2007）

⑶　性別というダイバーシティの特徴

　1つの属性でも複数の側面を持つ。このことを，性別を用いて説明しよう。性別という属性は，関係志向属性であり，かつ表層的ダイバーシティであるが，Harrison and Klein（2007）が提示した3類型のうち，いずれに該当するのだろうか。性別を対象としたダイバーシティ研究を行う研究者たちは，その研究上の関心に基づき，性別というダイバーシティを，距離・種類・格差のいずれかの側面に注目して捉える。たとえば，仕事に対する信念等が男女で異なると考える研究者達は，性別を距離として捉える。同様に，性別によって持っている能力や情報が異なると考える研究者達は，性別を種類と捉え，性別によって差別や不公平が生じていると考える研究者達は，性別を格差と捉える。

　すなわち，性別というダイバーシティには距離・種類・格差のいずれの側面も持ちうるという複雑性があり，その複雑性が性別というダイバーシティがもたらす成果に関する研究結果の一貫性のなさに繋がる。同様に，「企業はなぜ女性活躍を進めなければならないのか」という問いに対する答えに明確性が欠けるのは，性別というダイバーシティを捉える視点が複数あることに起因する。一方で，日本におけるダイバーシティ・マネジメントの現状を考えるならば，現時点での中軸は性別というダイバーシティを格差と捉えた上で，その解消を目指していると捉えることが妥当である。

2　職場のダイバーシティが組織にもたらす影響

⑴　アウトカムの概要

　職場のダイバーシティは，どのような成果（アウトカム）との関連が検証されてきたのだろうか。Jackson and Joshi（2011）は，過去15年間に実施された，組織行動ならびに心理学分野の研究を対象とした文献レビューを行い，88の研究で検討された487の検証結果を参照し，実証研究で取り上げられたダイバーシティならびにアウトカムのタイプごとに整理した（図表2-3）。なお，取り上げられた研究のほとんどはアメリカで実施されたものであることに注意が必要である。

　ダイバーシティのタイプを見ていくと，人種／エスニシティ（16％），性別（15％），年齢（10％）といった表層的かつ関係志向属性に基づく多様性がより多く検討され，タスク志向属性に基づく多様性としては，職能におけるバックグラウンド（11％），認知／メンタルモデル（10％），テニュア（9％）が比較的多く取り上げられていた。このことから，タスク志向属性に基づく多様性では，表層的・深層的双方の多様性が検討されていると言える。

　一方，アウトカムとしては，全体的な傾向として，パフォーマンスを取り上げる研究の比率が最も高いことから，ダイバーシティがパフォーマンスにもたらす影響に対する関心の高さをうかがうことができる。また，感情・態度とし

図表2-3　実証研究で用いられたダイバーシティならびにアウトカムのタイプの概要

ダイバーシティのタイプ	アウトカムのタイプ		
	感情・態度	行動	パフォーマンス
人種／エスニシティ（16%）	18（24%）	23（39%）	35（46%）
性別（15%）	26（35%）	18（24%）	31（41%）
職能におけるバックグラウンド（11%）	7（12%）	20（35%）	31（54%）
年齢（10%）	18（36%）	7（14%）	25（50%）
認知／メンタルモデル（10%）	11（22%）	19（39%）	19（39%）
テニュア（9%）	14（33%）	8（19%）	20（48%）
文化的価値（7%）	17（53%）	11（34%）	4（13%）
教育水準（5%）	13（52%）	2（8%）	10（40%）
複合的尺度（4%）	1（5%）	8（40%）	11（55%）
フォルトライン（4%）	12（63%）	5（26%）	2（11%）
国籍（3%）	2（13%）	6（38%）	8（50%）
パーソナリティ（3%）	2（14%）	3（21%）	9（64%）
その他（3%）	3（27%）	1（9%）	7（64%）
合計　N=487	144（29%）	131（27%）	212（44%）

注1：ダイバーシティのタイプの列の%は487の研究のうち，当該のダイバーシティのタイプを取り上げた比率。
注2：結果変数のタイプに該当する3列の%は，それぞれのタイプのダイバーシティのうち，当該の結果変数を用いた比率。
注3：その他には，婚姻状況・地理的多様性・ネットワーク密度・経験の多様性が含まれる。
出所：Jackson and Joshi（2011）を一部改変

ては，コミットメントやコンフリクト，凝集性や満足度が取り上げられ，行動としては，コミュニケーションや学習行動，離職が取り上げられ，パフォーマンスとしては，チームとしてのパフォーマンスやその他の効率性に関する指標が用いられていた。全体な傾向と比較すると，性別ではパフォーマンスとの関連を検証する割合がやや低く，感情・態度との関連を検討する傾向がやや高い。

(2)　ダイバーシティがもたらす影響

　ダイバーシティとアウトカムの関連性を検討した実証研究は，これまでに何を明らかにしたのだろうか。ダイバーシティがもたらす影響に関する実証研究

は膨大であるが，ここでは，関係志向属性に基づくダイバーシティとアウトカムの関連を中心に紹介する。その際，①個人レベル（個人レベルでの多様性と個人レベルのアウトカム），②チームレベル（チームレベルでの多様性とチームレベルでのアウトカム），③組織レベル（組織レベルでの多様性と組織レベルでのアウトカム）という 3 つの水準ごとに，Joshi, Liao, and Roh（2011）が提示した結果を概観する。その際，本書はライン管理職に焦点を当てるものであることから，経営層を意味するトップマネジメントチームにおける多様性を対象とした研究は含まないものとする。

① 個人レベル

　ダイバーシティを個人レベルで捉え，かつ個人レベルでのアウトカムを検討した研究は，個人と他の集団メンバーとの非類似性などを多様性の指標として用い，個人の満足度やパフォーマンスとの関連を検討してきた。具体的には，性別，年齢，人種における非類似性を取り上げ，同僚との関係性や社会的統合（まとまり），職場集団内でのコンフリクトとの関係を検討するものが主流であった。そのほとんどは，ダイバーシティとアウトカム変数との間に，統計的に有意な関連を認めなかったが，有意な関係性を示したいくつかの研究では，性別やエスニシティに基づく多様性は，職務満足，組織コミットメント，組織サポートならびに同僚との関係性にマイナスの影響，すなわち多様性が高いほど職務満足が下がるといった影響があることを示した。

② チームレベル

　ダイバーシティが与える影響について検討した研究の中では，チームレベルでの多様性とチームレベルでのアウトカムとの関連を検討した研究が最も多い。その中でも，関係志向属性である人種／エスニシティならびに性別に基づく多様性を取り上げる研究の割合が最も高いが，年齢やタスク志向属性の多様性を取り上げる研究も一定数存在する。一方，アウトカムとしては，チームパフォーマンスが用いられることが最も多い。具体的には，売上高や生産性といった指標や，製品の品質や量，チームイノベーション，チームのパフォーマ

ンスや効率性に対する上司の評価，チームメンバーによる自己評価などである。また，集団の統合性や情報共有，学習行動といったチームプロセスならびに，コンフリクトなどの情緒的変数も取り上げられている。

Joshi et al.（2011）は，先行研究のレビューを通じ，半数以上の実証研究で，ダイバーシティとチームパフォーマンスとの間に有意な関連は認められず，その傾向は関係志向属性に基づく多様性でもタスク志向属性に基づく多様性でも同様であることを指摘した。また，Joshi and Roh（2009）は，メタ分析（同じテーマについて行われた複数の研究結果を統合した上で行う統計分析）を通じて，性別や年齢，人種／エスニシティといった，関係志向属性におけるダイバーシティとチームパフォーマンスとの直接的な関係性（二変量相関）はマイナスの相関にあること（mean $r = -.03$），一方これまでの職務経験，教育，テニュアといったタスク志向属性の多様性とチームパフォーマンスとの直接的な関係性はプラスの相関にあること（mean $r = .04$）を指摘した。タスク志向属性の中で最も強い相関はこれまでの職務経験の多様性であった（mean $r = .13$）。同時に彼らは，これらのダイバーシティがもたらす影響は極めて小さいことも指摘している。

③ 組織レベル

組織レベルでのダイバーシティと組織レベルでのアウトカムとの関連に言及した研究は限られる。Joshi et al.（2011）は，8つの研究をレビューした上で，直線的なプラスの関係性を指摘するもの，直線的なマイナスの関係性を指摘するもの，曲線的な関係性を指摘するもの，さらには有意な関係性を認めないものなど，組織レベルでのダイバーシティと組織レベルでのアウトカムとの関連は一様ではないことを明らかにした。

本書の対象である管理職は，これらの3つの水準のうち，チームレベルのダイバーシティに最も関与する。ダイバーシティがもたらす影響に関する研究において，チームレベルでのダイバーシティとチームレベルでのアウトカムとの関係性を検証する研究が最も多いことをふまえるならば，ダイバーシティが組織にもたらす影響はチーム（職場）レベルで最も顕著だと言え，職場に関わる

管理職はダイバーシティが組織にもたらす影響に，大きく関与する存在だと言える。

⑶ パフォーマンスの測定に関する課題

　ダイバーシティとチームパフォーマンスとの関連について検討したこれまでのメタ分析や先行研究のレビューは，概してタスク志向属性の多様性は，チームパフォーマンスに対してプラスの影響をもたらし，関係志向属性に基づく多様性はマイナスの影響をもたらすことを明らかにしている（Horwitz and Horwitz, 2007；Joshi and Roh, 2009；Hülsheger et al., 2009）。

　しかしながら，同じくメタ分析を行った van Dijk, H. et al.（2012）は，パフォーマンスの測定方法によって，ダイバーシティとチームパフォーマンスとの関連が異なることを指摘した。具体的には，パフォーマンスが客観的に評価された時，ならびにチーム内部のリーダーによって主観的に評価された時において，関係志向属性に基づく多様性とパフォーマンスとの関係，ならびにタスク志向属性の多様性とパフォーマンスとの関係に違いはない。一方で，内部のリーダーと比較してチームメンバーとの接触が少ないと想定される外部のリーダーによってパフォーマンスが主観的に評価された場合，関係志向属性に基づく多様性とパフォーマンスとの間にはマイナスの相関が，タスク志向属性の多様性とパフォーマンスとの間にはプラスの相関が認められた。

　この結果をふまえ，van Dijk et al.（2012）は，調査で測定されたパフォーマンスには，メンバーの多様性が高いチームで働く経験をすることでなくなるであろう関係志向属性に基づく多様性に対するバイアスや，メンバーが多様な職務経験を持っていることへのプラスの評価，といった回答者の主観が反映されている可能性があると述べている。すなわち，評価者の中に（上記の場合は外部のリーダーの内面に），そもそも良いダイバーシティ（タスク志向属性に基づく多様性）と悪いダイバーシティ（関係志向属性に基づく多様性）という認識が存在し，それがパフォーマンスの評価に反映されている可能性がある。このことは，ダイバーシティをめぐるパフォーマンス評価の難しさを指摘するものである。

3 ダイバーシティがもたらす影響を説明する パースペクティブ

⑴　複数のパースペクティブの存在

　ダイバーシティは，どのようにプラスの影響やマイナスの影響をもたらすのであろうか。ダイバーシティは多様な影響をもたらし，かつ実証研究の結果が一様ではないことから，そのメカニズムを説明する複数のパースペクティブが提示されている。ここでいうパースペクティブとは，メカニズムを説明する着眼点のことである。Jackson and Joshi（2011）では，ASAモデル（attraction-selection-attrition model），組織属性パースペクティブ（organizational demography perspective），社会的アイデンティティパースペクティブ，情報処理パースペクティブ，社会的資本理論，フォルトラインパースペクティブという6つのパースペクティブを紹介している。

　以下では，チームレベルでのダイバーシティ研究において最も頻繁に引用される情報／意思決定パースペクティブならびに社会的カテゴリー化パースペクティブの2つを紹介した上で，両者を統合するモデルとして提唱されたカテゴリー化−精緻化モデルを紹介する。

⑵　情報／意思決定パースペクティブ

　ダイバーシティがプラスの影響をもたらすメカニズムを説明するパースペクティブが，情報／意思決定パースペクティブ（information/decision making perspective）である。情報／意思決定パースペクティブは，集団が多様な人材をメンバーとすることで，仕事に関連する幅広い知識や，能力を保有できると考える。すなわち，集団のメンバーの多様性が高いことで，集団のメンバーは，仕事に関する多くの異なる意見や見方を得ることができ，それらをリソースとして活用することを通じて，高いパフォーマンスを得ることができるとみなすのである。同時に，多様な情報を統合し，多様な見方を融和させることで，

54

創造的な思考が刺激され，職場は創造性やイノベーションを創出する場となる。このように，情報／意思決定パースペクティブでは，情報の資源としてダイバーシティを活用することで，多様性の高い集団は，同質性の高い集団よりも，優れたパフォーマンスを発揮すると主張するのである。

　情報／意思決定パースペクティブはさらなる拡大を見せている。Phillips, Liljenquist, and Neale（2009）は，ダイバーシティは，情報源の多様化がパフォーマンスの向上をもたらす以上に，マイノリティーの視点を持ち込むことによる影響が，パフォーマンスにプラスの影響をもたらしていることを明らかにした。すなわち，マイノリティーがメンバーに加わることで，メンバーは改めて自分たちのタスクに関心を寄せ，情報をより効果的にやり取りするようになることを通じて，パフォーマンスが向上するのである。

　この例は，情報／意思決定パースペクティブが想定する多様なメンバーは異なる情報を持つことだけでなく，たとえ多様なメンバーが同一の情報を持っていたとしても，自分たちとは異なる集団である外集団から新たなメンバーが加わることで，集団にプラスの効果が生じることを示す。すなわち，自分たちと同じ集団であり，仲間と感じられる内集団からよりも，外集団から新たなメンバーが加わる方が，元から集団にいたメンバーが，より効率的に情報をやりとりするようになったり，より良い問題解決をするようになったりすることを通じて，集団にプラスの効果をもたらすのである。

⑶　社会的カテゴリー化パースペクティブ

　一方，ダイバーシティがマイナスの影響をもたらすメカニズムを説明するのが，社会的カテゴリー化パースペクティブであり，これを補完するのが類似性アトラクション理論である。社会的カテゴリー化パースペクティブは，集団内のステレオタイプに関する研究に由来する。

　社会的カテゴリー化とは，個人が周囲の人々を何らかの手がかりによって分類（カテゴリー化）することである。社会的カテゴリー化パースペクティブでは，集団を構成するメンバー間に，性別や年齢，人種，地位，信仰といった点で相違があるとき，個人は他のメンバーを自分と類似性の高い人々を「我々」，

すなわち内集団とみなし，逆に自分と類似性の低い人々を「彼ら」，すなわち外集団とみなすというように集団のメンバーを分類すると考える。

　自分以外のメンバーをウチ，ソトに分類すること自体には特段の問題は存在しないが，問題はそのような分類を通じて，自分と類似性の高い内集団のメンバーを自分と類似性の低い外集団のメンバーよりも良い存在とみなし，有利に扱う内集団びいきが発生することである。

　類似性アトラクション理論は，社会的カテゴリー化パースペクティブを補強する。類似性アトラクション理論は，人がなぜ自分と類似性の高い人に好感を抱き，交流を求めるのか，逆に類似性の低い人との交流を求めないのかについての2つの説明を提供する。まず，人にはそもそも自分と似た見解や物の見方を共有できる他者を求めており，人は自分と同じ社会的カテゴリーにいる人々（内集団）は，自分とは異なる社会的カテゴリーにいる人々（外集団）と比べて，自分と同じ情報を持ち同じ物の見方をするとみなす傾向があるため，類似性の高い人に好感を抱くからである。もう1つの説明は，内集団に自分と似た他者がいることは，何らかの出来事に遭遇した際に，集団がその出来事にどのような反応を示すか予測が可能になり，不確実性を低減することができるからである。予測可能性が高く，不確実性が低い集団は個人にとって何かあっても自分は何とか対応できる，という感覚を抱くことができる集団となる。

⑷　カテゴリー化－精緻化モデル

　前述した2つのパースペクティブを統合したモデルが，カテゴリー化－精緻化モデル（categorization-elaboration model：以下CEM）である（図表2-4）。van Knippenberg, De Dreu, and Homan（2004）が提唱したこのモデルにおいて，ダイバーシティは「他者が自分とは異なるという認知につながりうる属性における個人間の違い」と定義される。

　CEMでは，ダイバーシティは，社会的カテゴリー化に伴う内集団びいきや外集団差別といったバイアスを通じて，社会的統合や健康，パフォーマンスを低減すると同時に，多様な情報の精査プロセスを通じて，パフォーマンスを向上させると考える。すなわち，このモデルは，これまで別々に検討されてきた

2つのパースペクティブの相互作用を強調するものである。

　また，CEMでは，ダイバーシティはプラス・マイナス双方の影響をもたらしうる概念だと捉えた上で，ダイバーシティがプラス影響をもたらすのか，それともマイナス影響をもたらすのかは，調整変数（moderator）によると考える。ここで言う調整変数とはダイバーシティとアウトカムの関係に影響を与える第3の変数のことである。それまでのダイバーシティとパフォーマンスとの関係を検討するモデルのパースペクティブは，ダイバーシティの効果のみを検討するものであったのに対し，CEMは調整変数に重きを置いていることが特徴である。

　CEMは，メンバーの多様さがもたらす情報の多様性は，それだけではパフォーマンスの向上につながらないという考えに基づいて構築される。つまり，情報の多様性がもたらす利点は，異なる情報がぶつかりあうことで対立が生じ，対立の過程でそれぞれの情報が改めて見直され，精査され，討論を通じて統合されていく，すなわち集団が持つ情報の精緻化を通じて初めて実現すると考えるのである。

　ダイバーシティと情報の精緻化との間に存在する調整変数について見ていこう。CEMでは，①属性の違いを際立たせる変数，②集団間バイアスを促進もしくは抑制する変数，③情報の精緻化を促進もしくは抑制する変数，という3つのタイプの変数を，ダイバーシティと情報の精緻化の関係性に影響を与える変数として提示する。

①　属性の違いを際立たせる変数

　属性の違いを際立たせる変数としては，相対的適合（comparative fit），規範的適合，認知的近接性が提示されている。相対的適合とは，区分（categorization）におけるグループ間の違いならびにグループ内の類似性の程度のことであり，グループ間での違いが大きく，グループ内での類似性が高いとき，適合度は高くなる。規範的適合とは，区分が，個人の認知的準拠枠として意味を持つ程度のことである。区分が個人の価値体系に合致していればしているほど，カテゴリー化が意味を持つ。たとえば，女性に対して強いステレオ

タイプ的イメージ（「女性とはこういうものだ」というイメージ）を持つ男性にとって，性別という区分は大きな意味を持つ。認知的近接性とは，区分の思い浮かびやすさのことである。性別や人種といった可視化され，見てわかりやすく，多くの人にとって思い浮かびやすい分類であることから，違いを際立たせやすい属性だと言える。

② グループ間バイアスを促進もしくは抑制する変数

　内集団と外集団といった社会的カテゴリー化がなされたとしても，それが自動的に内集団のひいきといった集団間バイアスにつながるわけではない。カテゴリー化が集団間バイアスにつながるのは，グループ間の比較において，内集団の地位やアイデンティティが脅かされていると，個人が認知する時である。そのような場合に，社会的カテゴリー化は集団間バイアスをもたらすのである。

③ 情報の精緻化を促進もしくは抑制する変数

　集団間バイアスは，多様な情報の精緻化を抑制する。メンバーに多様な情報

図表2-4 ｜ カテゴリー化－精緻化モデル

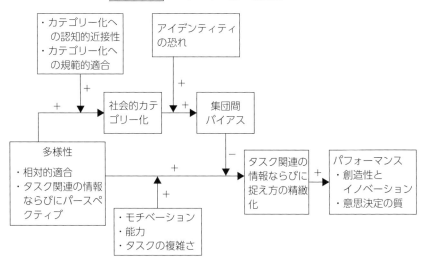

出所：van Knippenberg, De Dreu and Homan（2004）

を処理しようとする意欲と，多様な情報を処理できる能力がある時，情報の精緻化が促進される。また，単純でルーチン化されたタスクではなく，複雑で深い理解が求められるようなタスクで，情報の精緻化はより促進される。

4 ダイバーシティが組織にもたらす影響を左右する要因

(1) 高まる調整変数への関心

　組織行動論的なアプローチに基づいて，職場のダイバーシティが組織にもたらす影響を検討した研究を対象とする文献レビューを行った代表的な論文が，Williams and O'Reilly（1998），van Knippenberg and Schippers（2007）ならびにGuillaume et al.（2017）である。この3つの文献レビューにより明らかになったことを改めて整理したvan Knippenberg and Mell（2016）は，この3つの文献レビューを概観し，職場のダイバーシティが組織にもたらす影響を検討するフレームワークが，Williams and O'Reilly（1998）とvan Knippenberg and Schippers（2007）の間で変化したと指摘する。

　組織行動分野で行われてきたダイバーシティ研究のうち，最初の40年間に実施された研究を対象として文献レビューを行ったWilliams and O'Reilly（1998）で紹介される研究の多くは，ダイバーシティが組織に与える影響を検討する際に，ダイバーシティそのものの効果，すなわちダイバーシティの種類による影響の違いを検討するモデルを構築していた。そして，前節で取り上げた情報／意思決定パースペクティブもしくは社会的カテゴリー化パースペクティブのいずれかに準拠する形で仮説を構築し，どのようなダイバーシティだとプラスの影響につながるのか，逆にマイナスの影響につながるのかといった検討を行っていた。

　一方，van Knippenberg and Schippers（2007）で紹介される研究は，ダイバーシティそのものの効果ではなく，ダイバーシティとアウトカムの関係性に影響を与える調整変数を検討するものが中心である。前述のCEMが示すように，当初，研究上の関心の中核であったダイバーシティの種類によってアウト

カムが変化するのではなく，どのような種類であったとしても，ダイバーシ
ティはプラスの影響ならびにマイナスの影響の双方をもたらすものであり，プ
ラスの影響がもたらされるのか，それともマイナスの影響がもたらされるのか
は，調整変数によって異なる，という立場に研究のフレームワークが変化した
と言える。

　また，Joshi and Roh（2009）は，メタ分析を通じて，関係志向属性ならび
にタスク志向属性に基づく多様性が，それぞれパフォーマンスとプラスもしく
はマイナスに関連することを明らかにした。その上で，ダイバーシティのパ
フォーマンスに対する直接的な影響は非常に限定的であることを指摘し，産
業・職種・チームに関連する調整変数を考慮した場合は，ダイバーシティがパ
フォーマンスにもたらす影響は2～3倍に高まることを明らかにした。ダイ
バーシティがもたらす影響を検討する上で，調整変数は見逃せないものとなっ
ている。そこで，以下では，組織行動論的アプローチで行われた研究を対象と
して，これまで検討されてきた調整変数を概観する。

⑵　先行研究で検討された調整変数

　ダイバーシティに関する研究が飛躍的に増えた，直近の10年間を対象として
文献レビューを行ったGuillaume et al.（2017）は，ダイバーシティが組織に与
える影響を検討する研究の中心が，調整変数の検討に移行してきていることを
指摘した上で，代表的な調整変数として①戦略，②ユニットデザイン，③人事
施策，④リーダーシップ，⑤風土／文化，⑥個人要因という6つを挙げた。こ
こではGuillaume et al.（2017）が明らかにした①～⑥の点を中心に示す（図表
2-5）。図表2-5は，レビュー対象となったそれぞれの論文がダイバーシティ
の影響を検討する上で用いた従属変数を，社会的統合（まとまり）とウェル
ビーイング，ならびにパフォーマンスに区分した上で，それぞれの調整変数が
与える影響をまとめたものである。なお，図表内の社会的統合とウェルビーイ
ングには，自尊心や職務満足度等個人にとってプラスの状態を示す変数と，他
者への信頼やコミットメント等周囲のメンバーや組織に対する等プラスの反応
を示す変数が含まれる。また，人事制度，リーダーシップ，組織風土／組織文

化については，次章で改めて詳細に紹介することからここでは概観に留める。なお，Guillaume et al.（2017）が取り上げた研究には，企業ならびにその従業員を対象とした研究だけではなく，大学生を対象としたものも含まれる。

① 戦略

　戦略は，企業の基本的かつ長期的な目標や目的，ならびに目標の実行に必要な一連の行動や資源の配置を決める。戦略を調整変数として用いた研究のほとんどで，アウトカム指標としてパフォーマンスを用い，ダイバーシティを組織レベルで捉えていた。先行研究では，成長志向，顧客志向といった戦略ならびにダイバーシティ・マネジメント戦略やイノベーション戦略が，ダイバーシティとパフォーマンスとの関係性をプラスにすることを明らかにしている。これらの戦略は，ダイバーシティがもたらす価値が，タスクに関連する情報の精緻化を促し，結果として，イノベーションやよりよい意思決定につながるという見方を提供すると考えられる。

　一方で，ダウンサイジング戦略はダイバーシティとパフォーマンスとの関係性をマイナスにした。これは，ダウンサイジング戦略が属性間の違いを顕著なものとし，メンバー間のつながりを弱め，集団間のバイアスが浮かびあがるリスクを高めるためだと考えられる。

② 部門の特徴

　部門の特徴に関する変数は数多く検討されているが，それらは，(ⅰ)職場のメンバーの構成ならびに状況，(ⅱ)部門が担うタスクの特徴，(ⅲ)組織としての状況に大別される。

　(ⅰ)職場のメンバーの構成ならびに状況としては，属性，ダイバーシティの種類，フォルトライン，サブグループの地位の不平等さなどが取り上げられる。フォルトラインとは，「1つかそれ以上の属性に基づいて，グループを複数のサブグループへと分割しうる，仮想的な分割線」（Lau & Murnighan, 1998）のことである。属性によるフォルトラインは，社会的統合ならびにパフォーマンスに対してマイナスの影響をもたらす。一方で，「性別と年齢」というよう

に，複数のカテゴリーによって生じる交差カテゴリーは，マイナスの影響を抑制する。それは多様性をもたらす次元が複数あることで，たとえば性別といった1つのカテゴリーしかない場合よりも，分断次元があいまいになり，フォルトラインが形成されにくくなるからである。

　また，フォルトラインと他の変数の交互作用（2つの変数が組み合わさることで生じる効果）を検討した研究では，エスニシティの多様性に基づいて構成されるサブグループ間の地位が不平等であっても，サブグループ間の関係性が良好な場合，ダイバーシティは集団凝集性（group cohesiveness：メンバーが集団に留まろうとする力）ならびにパフォーマンスにプラスの影響を与えることを明らかにした。同様に，フォルトラインと，ダイバーシティに対する信念もしくは経験への開放性（openness to experience：新しい出来事への積極性，以下，開放性）との交互作用を検討した研究では，メンバーがダイバーシティに対して肯定的な信念を持っている，あるいは開放性が高い場合，客観的な属性の違いが，主観的なサブグループの認知へとつながることを抑制し，メンバー間の違いを，「女性だから男性だから」といったサブグループで捉えるのではなく，個々人の違いとして認識することを示した。

　(ii)タスクの特徴としては，複雑性・相互依存性といったタスク特性，自律性などが取り上げられる。タスク特性との関連については，Horwitz and Horwitz（2007）も参照した上で整理する。

　メンバーのタスクの複雑性（task complexity）が高く，メンバーの思考力がより求められるタスクでは，メンバーの多様性の高さや，専門性の多様さならびにバックグラウンドの広さは，より良い意思決定や問題解決につながる。一方，複雑性が低い仕事では，上記のような効果は必要とされない。

　また，タスクの遂行に必要なメンバー間の相互依存の程度を意味するタスクの相互依存性（task independency）も影響を与える。タスクの相互依存性が高い場合，タスクの遂行に向けて，メンバーは資源や情報をシェアしながら，緊密な連携をとり働くことになる。一方，タスクの相互依存性が低い場合，メンバー間の協働の必要性は低く，それぞれのメンバーが単独で働くことになる。メンバーの相互作用が少なく，個々で働く場合，ダイバーシティはその成果に

対してあまり影響を与えない。

　また，教育水準による多様性を対象とした研究では，タスクについて「いつ」「何を」「どのように」するか決めることができる自律性をチームが持っている場合に，多様性は社会的統合ならびにパフォーマンスに対してマイナスの影響をもたらすことを明らかにした。高い自律性はプラスの影響をもたらすと想定されるが，自分とは異なる人々と仕事をする際に，決まっていないがゆえの不確実性を高めてしまうことから，マイナスの影響をもたらすと考えられる。

　さらに，グループでの意思決定支援システムは，ダイバーシティがパフォーマンスに与えるプラスの影響を促進した。

　㈢　組織の状況としては，チームの継続期間，組織のライフサイクルが取り上げられる。チームメンバーが共に働く期間が長くなると，性別の多様性はパフォーマンスにプラスの効果をもたらすが，年齢の多様性にはそのような効果は認められなかった。また組織のライフサイクルがスタートアップ期や成長期といった早期にある場合には，性別や人種の多様性はパフォーマンスにプラスの影響をもたらすが，成熟期や衰退期といった後期にある場合には，マイナスの影響をもたらす。

③　人事施策

　人事施策には，採用・育成・評価・報酬・昇進といった一連の施策や施策の背後にあるポリシーが含まれ，企業の人的資源が組織におけるビジネス上の目的達成に貢献すべく，構築・実行される。職場のダイバーシティが，社会的統合やウェルビーイング，パフォーマンスに与える影響について，人事施策を調整変数として検証した組織行動分野の研究はそれほど多くはない。同様に，調整変数としての人事施策がもたらす影響についての結果は，一様ではない。数少ない研究では，多様性が高く，メンバーがダイバーシティに否定的な信念を持っている時，ダイバーシティ・トレーニングがプラスの効果をもたらすことを明らかにした。一方，人的資源管理分野の研究に目を向けると，コーチングなどのキャリア関連施策ならびに，その人の力を伸ばすようなチャレンジングな仕事の割りあては，ダイバーシティがチームのパフォーマンスにもたらす

マイナスの影響を軽減することが確認されている。

④　リーダーシップ

　リーダーシップとは，他者に影響を与え，動機づけ，他者がその有効性を発揮し，かつ彼らで構成される組織が成功するように導く個人の力のことである。リーダーシップは，ダイバーシティとアウトカム指標に影響を与える調整変数として特に注目されている。変革型リーダーシップ（transformational leadership），リーダーの開放性の高さ，リーダーとフォロワーの類似性の高さが，グループの多様性が社会的統合にもたらすマイナスの影響を抑制し，パフォーマンスにプラスの影響をもたらす。また，リーダー－メンバー交換関係（Leader-Member Exchange: LMX）を用いた研究は，高いLMXは，グループの多様性がパフォーマンスにプラスの影響を与えることを明らかにしている。ただし，LMXについては異なる結果も得られており，結果は一様ではない。

⑤　組織風土／組織文化

　風土と文化は非常に類似性の高い概念であるが，組織風土とは，人事ポリシーや人事施策，ならびに職場で評価され，支持され，期待される行動に対する従業員の意味づけのことであり，組織文化とは従業員の職場での経験の根底にある基本的な仮定，価値，信念に由来する，従業員の意味づけのことである。組織風土や組織文化を対象とした研究の多くは，職場レベルでのダイバーシティを対象とする。

　心理的安全は，ダイバーシティが社会的統合やウェルビーイングにもたらすマイナスの影響を抑制し，パフォーマンスにもたらす影響をより高める。公正性についても検討されている。適当にあしらわれていることがない，きちんと説明されるというように，対人的公正が保たれることで，弱いフォルトラインがメンバーの不安ならびに抑うつを抑制する。心理的安全や公正性には，多様性がもたらす社会的統合やウェルビーイングへのマイナスの影響を，抑制する効果があると言える。同様に，インクルーシブ風土（climate for inclusion）には，性別というダイバーシティがもたらす，チーム内のコンフリクトを軽減

する効果がある。

　情報や知識の共有，ならびに統合を図ろうとする規範やマインドセットが職場にある場合は，多様性は創造性の向上といったパフォーマンスの向上につながる。また，達成可能な価値ある目標（ビジョン）があり，誰もが意見を表明でき（安全な参加），タスク志向であり，メンバー間でのやりとりが頻繁であるといったチーム風土がある場合，専門性における多様性は，イノベーションにつながる。しかしそのようなチーム風土がない場合，イノベーションにはつながらない。さらに，人種・宗教・性別などの違いによる偏見・差別を含まない，中立的な表現や用語を用いることを意味するポリティカルコレクトネスを重視する規範には，不確実性の削減を通じて，性別による多様性が創造性に与えるマイナスの影響を軽減する効果がある。

⑥　個人要因

　個人要因に関わる変数としては，態度やモチベーション・認知スタイル・パーソナリティ，認知能力が取り上げられている。これらの個人要因は，組織全体での多様性からアウトカム指標への影響を検討する際に用いられることはなく，主として職場レベルでの多様性や個人レベルでの多様性（類似性）が，職場レベルでのアウトカム指標に与える影響を検討する際に用いられる。外向性ならびにセルフ・モニタリングの高い人は，相手により良い印象を与えることができることから，他のメンバーとの類似性が低い人々であっても，他のメンバーから否定的に捉えられないため，社会的統合ならびに個人レベルでのパフォーマンスが高い。また，他の年代の人々に対して否定的なステレオタイプのイメージを持つ人は，年齢における他のメンバーとの非類似性が高いと，健康状態が低くなるといったマイナスの影響を受ける。

　認知欲求は，知識ベースの仕事をする多様なチームにおけるチームへの同一化，情報の精査を促すことでチームのパフォーマンスを促進する。同様に，グループメンバーの開放性が高く，ダイバーシティに対して肯定的な信念を持っている場合，多様性は社会的統合のみならず，パフォーマンスに対してもプラスの効果をもたらす。さらに，学習や向上に対する高いモチベーションを意味

する学習目標志向性（learning goal orientation）が高い人々では，ダイバーシティは高いチームパフォーマンスをもたらす。

　交互作用の検討を行った研究は，チームのメンバーが，誰が何を知っているかについての知識を持っている時，創造性に対する自己効力感は，多くの情報源を持つ多様なチームの創造性を促進することを明らかにしている。同様に，ダイバーシティに対して肯定的な信念を持ち，かつタスクに対する高いモチベーションがある時のみ，フォルトラインがチームのパフォーマンスにプラスの効果をもたらす。

図表2-5　**先行研究で取り上げられた調整変数**

	社会的統合とウェルビーイング	パフォーマンス
戦略		＋ 成長志向戦略 ＋ イノベーション戦略 － ダウンサイジング戦略 ＋ ダイバーシティ・マネジメント戦略
ユニットデザイン	＋ 交差カテゴリー化 － フォルトライン ＋ フォルトライン＊ダイバーシティ信念／開放性 ＋ サブグループの地位の不平等さ＊良好なグループ間関係 － 自律性	＋ イノベーションと創造的なタスク ＋ 意思決定を含むタスク（ダイバーシティがタスクに関連する知識と専門性と関連する場合）複雑なタスク ＋ 交差カテゴリー化 － フォルトライン ＋ フォルトライン＊ダイバーシティ信念／開放性 ＋ サブグループの地位の不平等さ＊良好なグループ間関係 － 自律性 ± 組織のライフサイクル ＋ チームの継続期間
人事施策	＋ ダイバーシティ・トレーニング＊ダイバーシティ信念（否定的な信念＊高い多様性）	＋ ダイバーシティ・トレーニング＊ダイバーシティ信念（否定的な信念＊高い多様性） ＋ キャリア・マネジメントやチャレンジングな仕事の割りあて

リーダーシップ	+ トランスフォーメーショナルリーダーシップ + リーダーの開放性 + リーダーとフォロワーの類似性	+ 変革型リーダーシップ + リーダーの開放性 + リーダーとフォロワーの類似性 + LMX − LMXの差異
組織風土／組織文化	+ 公正性風土 + 心理的安全 + インクルーシブ風土	+ 心理的安全 + 信頼 　知識の共有ならびに統合（一体化） + を求める規範ならびにマインドセット + イノベーションにむけたチーム風土 + ポリティカルコレクトネス
個人要因	+ 外向性 + セルフ・モニタリング + 開放性 + ダイバーシティへの信念 + 認知欲求 − 否定的なステレオタイプ	+ 開放性 + ダイバーシティへの信念 + 学習目標志向性 + 認知欲求 + 創造性に対する自己効力感＊誰が何を知っているかに関する知識 + ダイバーシティへの肯定的な信念＊タスク・モチベーション + 社会的コンピテンス

注1：プラスは正の影響，マイナスは負の影響をもたらすことを意味する
注2：＊は交互作用を意味する
出所：Guillaume et al.（2017）を一部改変

⑶　調整変数に関与する管理職

　多くの調整変数が，ダイバーシティが組織にもたらす影響を左右するが，管理職は，このうち人事施策，組織風土／組織文化，部門の特徴，リーダーシップ，という調整変数に関与する。したがって，組織が，ダイバーシティが組織に対してプラスの影響をもたらし，マイナスの影響を抑制する仕組みを構築し，運用しようとするならば，管理職が果たす役割は大きく，管理職はダイバーシティ・マネジメントにおいて鍵をにぎる存在だと言える。

　たとえば，管理職は人事施策の運用を通じて，部下に人事施策を浸透させ，多様性の高い職場において期待される態度や行動，組織としての価値観を伝え，結果的として部下の態度や行動に対して影響を与える。同様に，職場風土なら

びに組織文化を構築・維持する存在として，部下の多様性に対する態度・行動に影響を与える。また，管理職はリーダーシップを通じても影響を与える。さらに，管理職は，部下に任せるタスクの複雑さや意思決定を含む程度を調整したり，部下に職務遂行上与える自律性を調整するという部門の状況に働きかけることを通じて，ダイバーシティが職場にもたらす影響をコントロールする。

POINTS

◆ 職場のダイバーシティは，組織に対してプラスの影響とマイナスの影響をたらす。一般的な傾向として，性別や年齢といった関係志向属性に基づく多様性はマイナスの影響をもたらし，タスク志向属性に基づく多様性はプラスの影響をもたらす。

◆ ダイバーシティが組織や個人にもたらす影響は，調整変数によって左右される。調整変数としては，①戦略，②部門の特徴，③人事施策，④リーダーシップ，⑤組織風土／組織文化，⑥個人要因が検討されている。

◆ 管理職は調整変数のうち，人事施策・組織風土／組織文化，リーダーシップ，部門の特徴など複数の変数を通じて，ダイバーシティが組織にもたらす影響に関与することから，ダイバーシティ・マネジメントにおいて重要な役割を果たすと言える。

| 参考文献

Ely, R. J., & Thomas, D. A. (2001). Cultural diversity at work: The effects of diversity perspectives on work group processes and outcomes. *Administrative Science Quarterly,* *46*(2), 229-273.

Guillaume, Y. R., Dawson, J. F., Otaye-Ebede, L., Woods, S. A., & West, M. A. (2017). Harnessing demographic differences in organizations: What moderates the effects of workplace diversity? *Journal of Organizational Behavior, 38*(2), 276-303.

Harrison, D. A., & Klein, K. J. (2007). What's the difference? Diversity constructs as separation, variety, or disparity in organizations. *Academy of Management Review, 32*(4), 1199-1228.

Horwitz, S. K., & Horwitz, I. B. (2007). The effects of team diversity on team outcomes: A meta-analytic review of team demography. *Journal of Management, 33*(6), 987-1015.

Hülsheger, U. R., Anderson, N., & Salgado, J. F. (2009). Team-level predictors of innovation at work: A comprehensive meta-analysis spanning three decades of research. *Journal of Applied Psychology, 94*(5), 1128-1145.

Jackson, S., Joshi, A., & Erhardt, N. L. (2003). Recent Research on Team and Organizational Diversity: SWOT Analysis and Implications. *Journal of Management, 29*(6), 801-830.

Jackson, S. E., & Joshi, A. (2011). Work team diversity. In S. Zedeck (Eds.), *APA handbooks in psychology. APA handbook of industrial and organizational psychology, Vol. 1. Building and developing the organization* (pp.651-686). American Psychological Association.

Joshi, A., Liao, H., & Roh, H. (2011). Bridging Domains in Workplace Demography Research: A Review and Reconceptualization. *Journal of Management, 37*(2), 521-552.

Joshi, A., & Roh, H. (2009). The Role of Context in Work Team Diversity Research: A Meta-Analytic Review. *Academy of Management Journal, 52*(3), 599-627.

Lau, D. C., & Murnighan, J. K. (1998). Demographic diversity and faultlines: The compositional dynamics of organizational groups. *Academy of Management Review, 23*(2), 325-340.

Phillips, K. W., Liljenquist, K. A., & Neale, M. A. (2009). Is the Pain Worth the Gain? The Advantages and Liabilities of Agreeing With Socially Distinct Newcomers. *Personality and Social Psychology Bulletin, 35*(3), 336-350.

van Dijk, H., van Engen, M. L., & van Knippenberg, D. (2012). Defying conventional wisdom: A meta-analytical examination of the differences between demographic and job-related diversity relationships with performance. *Organizational Behavior and Human Decision Processes, 119*(1), 38-53.

van Knippenberg, D., De Dreu, C. K., & Homan, A. C. (2004). Work group diversity and group performance: an integrative model and research agenda. *Journal of Applied Psychology, 89*(6), 1008-1022.

van Knippenberg, D., & Mell, J. N. (2016). Past, present, and potential future of team diversity research: From compositional diversity to emergent diversity. *Organizational Behavior and Human Decision Processes, 136*, 135-145.

van Knippenberg, D., & Schippers, M. C. (2007). Work group diversity. In *Annual Review of Psychology* (Vol. 58, pp. 515-541).

Williams, K. Y., & O'Reilly, C. A. (1998). Demography and diversity in organizations: A review of 40 years of research. In B. M. Staw & L. L. Cummings (Eds.), *Research in Organizational Behavior, Vol 20, 1998: An Annual Series of Analytical Essays and Critical Reviews* (Vol. 20, pp. 77-140).

第 **3** 章

ダイバーシティ・マネジメントにおける
管理職の役割

　職場のダイバーシティは適切にマネジメントしなければ組織・職場・個人に良い効果をもたらさないことから，企業は人事施策の導入や組織風土の変革によるダイバーシティ・マネジメントを行うことを通じて，ダイバーシティが良い成果をもたらし，悪影響が生じないようにする。

　本章では，まず企業がダイバーシティ・マネジメントを推進する際の主たる3つの目的を紹介する。一口にダイバーシティ・マネジメントと言っても，その目的には違いがある。

　次に，人事施策がどのように職場のダイバーシティを成果につなげうるのかを理論に基づき説明した上で，管理職が人事施策の運用を通じてダイバーシティ・マネジメントに関与することを紹介する。また，ダイバーシティ・マネジメントは組織風土の構築を通じても推進されることから，ダイバーシティ・マネジメントを推進する組織風土を紹介した上で，管理職は組織風土の構築を通じても，ダイバーシティ・マネジメントに関与することを説明する。

　最後に，管理職は自らのリーダーシップを通じても，ダイバーシティが良い成果につながるように働きかけることから，ダイバーシティ研究において取り上げられるリーダーシップスタイル，ならびにダイバーシティ・マネジメントにおいて管理職のリーダーシップが果たす役割を紹介する。

1 ダイバーシティ・マネジメントの必要性と 3つのパースペクティブ

⑴ ダイバーシティ・マネジメントの必要性

　職場のダイバーシティが，組織ならびに組織に所属するメンバー1人ひとりにプラスの影響をもたらすか否か，逆にマイナスの影響をもたらすか否かには，調整変数が大きな影響を与えることを前章で示した。このことは，職場のダイバーシティがもたらすマイナスの影響を抑制しつつ，成果につなげるためには，職場のダイバーシティをマネジメントすること，すなわちダイバーシティ・マネジメントが重要となることを指摘するものである。実際，現在日本における企業を対象としたダイバーシティ研究の多くは，企業によるダイバーシティ・マネジメントの有効性を検討するものである。

　現在，多くの企業がダイバーシティ・マネジメントに取り組んでいるが，その目的は，必ずしも一様ではない。そこで以下では，ダイバーシティ・マネジメントの目的を示す，3つのパースペクティブを紹介する。

⑵ ダイバーシティ・マネジメントの目的を示す3つのパースペクティブ

　Ely and Thomas（2001）は，アメリカの3つの企業の従業員に対するインタビューならびに観察を通じて，文化的ダイバーシティに対する組織のパースペクティブ，すなわち職場の文化的ダイバーシティに対する従業員の規範的な信念や期待には，以下の3タイプがあることを明らかにした。

① 差別と公平のパースペクティブ
(discrimination-and-fairness perspective)
　ダイバーシティの中に存在する差別をなくし，平等や公平な対応を追求するパースペクティブである。ここでは，ダイバーシティは，仕事に対して影響を与えるという捉え方が明確にあるわけではなく，主たるダイバーシティ・マネ

ジメントは人種に代表されるダイバーシティに対する偏見をなくすことを意図した試みとなる。このパースペクティブに基づいてダイバーシティ・マネジメントが進められると，従業員がダイバーシティを「不公平さを生む源泉」と捉えてしまいがちになることから，ダイバーシティに対して防衛的な態度を身につけることにつながり，結果として個々の違いを内包するダイバーシティが学習の機会とはならなくなってしまうというリスクがある。

② アクセスと正当性のパースペクティブ
（access-and-legitimacy perspective）

　ダイバーシティを，多様な市場へのアクセスならびに市場からの正当性を得るための手段と捉えるパースペクティブである。このパースペクティブに基づくダイバーシティ・マネジメントでは，従業員構成に市場の文化的ダイバーシティを反映させることによって，市場へのアクセスを可能にし，かつ市場から正当性を確保することが目的となる。したがって，ダイバーシティに一定の価値を見出していると言えるが，ダイバーシティを組織のコンピテンシーとしようとする意図までは持たない。

③ 統合と学習のパースペクティブ
（integration-and-learning perspective）

　文化的に多様なメンバーのものの見方やスキル・技術は，組織にとって価値を生み出す資源となる，すなわちダイバーシティには仕事をより良いものとする価値があるというパースペクティブである。背景の異なる人々が有するさまざまな経験は，組織の問題に対して異なる解決方法をもたらし，同様にさまざまなものの捉え方があることで，組織をより効率的にすると考える。組織のメンバーは，違いについてオープンに話し合い，異なる文化を持つ人々からの知見を学習の機会とする。

⑶ 性別によるダイバーシティ・マネジメントのパースペクティブ

　ダイバーシティ研究の難しさの1つは，前章で指摘したように，ダイバーシ

ティのタイプによって生じる効果が異なることである。前章で，性別というダイバーシティは，距離・種類・格差のいずれとしても捉えられることを確認した。ここでは，性別のダイバーシティを対象とするダイバーシティ・マネジメントにも，複数のパースペクティブが存在することを確認しよう。

　性別に基づくダイバーシティでは，女性従業員は男性従業員と同一の雇用形態・雇用区分であったとしても，男性従業員と比較して，公平性に欠ける扱いを受けるという点に注目が集まることが多い。すなわち，性別に基づくダイバーシティは，男性と女性の格差に注目することが多いことから，前述したダイバーシティ・マネジメントのうち，差別と公平のパースペクティブに基づくダイバーシティ・マネジメントと理解することが，現状では最も適合的であろう。このパースペクティブに基づくダイバーシティ・マネジメントの課題は，従業員が，ダイバーシティに対して防衛的になってしまうことである。

　また，現時点で女性は，育児や介護といった家族的責任を担うことを主たる理由として，通常の働き方とは異なる時間制約のある働き方をする割合が高い。両立支援制度利用者の出現は，働き方の多様性として，通常の働き方をする従業員と比較した公平性に注目する場合と，両立支援制度利用者の出現を通じて，多様な働き方をする人々がみな活躍できるように職場のマネジメント方法の見直しに注目する場合がある。前者は差別と公平のパースペクティブに基づくダイバーシティ・マネジメントであり，後者は統合と学習のパースペクティブに基づくダイバーシティ・マネジメントだと言える。

　Ely and Thomas（2001）は(2)で挙げた3つのパースペクティブのうち，職場に統合と学習のパースペクティブが浸透している時，ダイバーシティは最も良い成果を上げることを明らかにしている。その主張に従うならば，性別を対象とするダイバーシティ・マネジメントは，短期的にはアファーマティブアクションに代表される差別と公平のパースペクティブに依拠しながらも，長期的には，多様性の活用という，統合と学習のパースペクティブを実現することを志向する，もしくは差別と公平のパースペクティブに基づいた上で，従業員がダイバーシティに対して防衛的にならないように働きかけていくことが期待される。

　同じようにダイバーシティ・マネジメントを進めても，企業間でその内容や効果が違うのは，各企業のダイバーシティ・マネジメントのパースペクティブが異なることも一因である。そのことをふまえた上で，以下では企業がダイバーシティ・マネジメントを推進する際の主たる方法である，人事施策・組織風土・リーダーシップについてその概要を説明した上で，管理職がこれら3つの要因にどのように関与するかを紹介する。

2　ダイバーシティ・マネジメントを推進する人事施策

⑴　ダイバーシティ・マネジメントと人的資源管理の関係性

　企業は，ダイバーシティを望む成果に結びつけるべく，ダイバーシティをマネジメントする。その1つでありかつ中心的な方策が，人的資源管理である。ダイバーシティ・マネジメントと人的資源管理はどのように関わるのだろうか。Shen, Chanda, D'Netto, and Monga（2009）はダイバーシティ・マネジメントと人的資源管理との関係性を次ページのように図示した（図表3-1）。企業は，人事施策を導入・運用することを通じて，法令順守やイノベーションといった組織レベルでの大きな成果に加えて，個々の従業員の組織コミットメントの向上や離職率の低下，といったプラスの影響や組織レベルでの成果の獲得を目指す。もちろん，プラスの成果だけを追求するのではなく，ダイバーシティが存在することで発生するコンフリクトといった課題への対処も含まれる。

　図表3-1からは次の2点を指摘することができる。第1に，ダイバーシティ・マネジメントを推進する人的資源管理には，高次のレベルである戦略レベルから，オペレーションレベルまで3つのレベルが存在し，いずれのレベルの人事施策においても，その運用場面で管理職が関与することになる。第2に，ダイバーシティ・マネジメントというと，ともすれば育児休業や短時間勤務制度を含む両立支援策に代表されるような，オペレーションレベルの人事施策に位置づけられる特定の人事施策群と捉えられがちであるが，本来はそこに限定されるものではなく，戦略レベル・戦術レベル・オペレーションレベルといっ

たすべてのレベルの人事施策のあり方に対して影響を与えるものである。

図表3-1 ダイバーシティ・マネジメントにおける人事施策の位置づけ

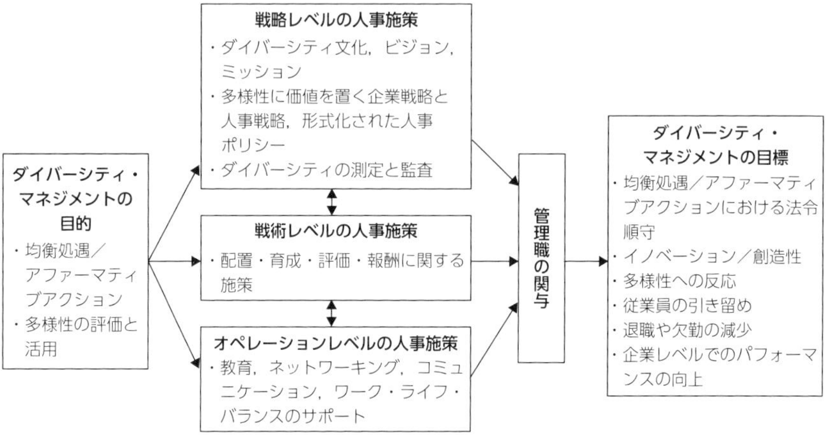

戦略レベルの人事施策
・ダイバーシティ文化，ビジョン，ミッション
・多様性に価値を置く企業戦略と人事戦略，形式化された人事ポリシー
・ダイバーシティの測定と監査

戦術レベルの人事施策
・配置・育成・評価・報酬に関する施策

オペレーションレベルの人事施策
・教育，ネットワーキング，コミュニケーション，ワーク・ライフ・バランスのサポート

ダイバーシティ・マネジメントの目的
・均衡処遇／アファーマティブアクション
・多様性の評価と活用

管理職の関与

ダイバーシティ・マネジメントの目標
・均衡処遇／アファーマティブアクションにおける法令順守
・イノベーション／創造性
・多様性への反応
・従業員の引き留め
・退職や欠勤の減少
・企業レベルでのパフォーマンスの向上

出所：Shen et al.,（2009）を一部改変

⑵ ダイバーシティ・マネジメントを推進する人的資源管理のパースペクティブ

　企業は，人的資源管理によるダイバーシティ・マネジメントを通じて，ダイバーシティを成果につなげようと試みる。それでは，ダイバーシティ・マネジメントを推進すべく企業が行う人事施策は，なぜ企業間での類似性が高いのだろうか。逆に，同一のダイバーシティ・マネジメントのパースペクティブ（たとえば，差別と公正のパースペクティブ）を採用しているにもかかわらず，企業間で導入される人事施策に違いがあるとしたら，それはなぜだろうか。

　この点を，人的資源管理の代表的な理論である制度理論と資源ベース理論という，2つの人的資源管理のパースペクティブを参照した上でモデル化したYang and Konrad（2011）を用い，整理していこう（図表3-2）。企業の人事施策の戦略的・非戦略的決定要因を理解する理論には，制度理論や資源ベース理論の他，サイバネティックモデルや，エージェンシー／取引コストモデルなどがある。Yang and Konrad（2011）はこのうち制度理論と資源ベース理論

図表3-2　ダイバーシティ・マネジメントの先行要因とアウトカム

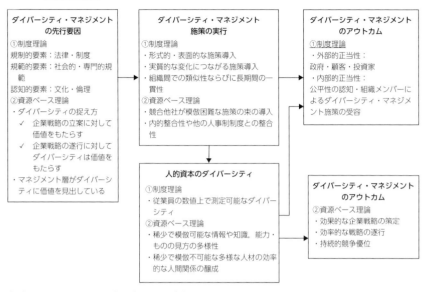

出所：Yang and Konrad（2011）を一部改変

を用いて，企業のダイバーシティ・マネジメントの決定要因を整理した。

　制度理論では，組織は，制度的環境から正統性を確保することによって，組織が置かれた環境から社会的支持を得て，存続が可能になると考える。ここでいう制度は，規則的・規範的・認知的という3要素で構成される。規制的要素とは，制度の拘束性や秩序化のことであり，規範的要素とは，社会生活に持ち込まれる規範的な規則のことである。そして，認知的要素とは，制度の持つ現実の性質を構成する規則や意味形成の認知枠組みのことである（Scott, 1995）。すなわち，組織は法律や規則といった規則的要素を順守することで環境から正当だと評価され，存続が可能になるのである。同時に，規則的要素だけでなく，社会の価値や規範といった規範的要素や，秩序を自明視する認知的要素も同様の影響を与える。

　一方，資源ベース理論とは，企業の内部要因を持続的競争優位の源泉とみなし，これを中心として経営戦略を考えるものである。内部要因とは，企業が有

する資源・能力・組織特性・知識などを指し，これらは企業特殊的な資源である。これらの資源が模倣困難であればあるほど，他社がこれらの資源を獲得することが困難となり，その企業の競争優位が持続する。一般に，企業の人的資源管理は他社にとって不可視性が高いことから，模倣困難だと考えられている。

　制度理論に基づけば，企業がダイバーシティ・マネジメントを目的とした人事施策を導入するのは，法律を中心とした社会的規範の対応を通じて正当性を確保するためである。したがって実行される人事施策は，実質上の変化をもたらすものとなる一方で，形式的・表面的な施策の導入にもなりうる。形式的・表面的な人事施策が導入される場合，それは他の人事施策や組織の他の活動と連動していない単独の存在となり，連動していないがゆえに，結果として望んだ成果を挙げられないといった事態が生じる。

　人事施策の実行により，企業は人的資本を獲得することになる。制度理論は正当性の獲得を重視する理論であることから，アウトカムも正当性を示すことが可能な指標となる。社外を対象とする外部的正当性では，政府・顧客・投資家に対する正当性の獲得が求められる。したがって，ダイバーシティ・マネジメントにおいては，女性従業員比率や女性管理職比率といった測定可能な数値をアウトカム指標として用い，数値の変化によって正当性を提示することになる。また，従業員など社内を対象とする内部正当性では，ダイバーシティ・マネジメントを推進する人事施策に対して従業員が公平であると認知し，ダイバーシティ・マネジメントを目的とする人事施策を受容することで，企業は従業員から正当性を獲得することになる。企業間でダイバーシティ・マネジメントを推進する人事施策の類似性が高いのは，日本でのダイバーシティ・マネジメントが法制度に後押しされるという規則的要素に基づいて進んでいること，企業が外部的正当性の確保を目指して取り組んでいることに起因する。

　一方資源ベース理論では，企業はダイバーシティを競争優位の源泉，すなわち戦略の策定から運用まですべての段階において，価値をもたらす内部要因とみなすことで，その成果を最大限にすることを目的として，ダイバーシティ・マネジメントを推進する人事施策を導入する。この場合，単独の人事施策は他社の模倣可能性が高いことから，模倣困難であることを重視する資源ベース理

論では，導入・実行される人事施策は，模倣困難性の高い施策の束として導入することが望ましいと考える。また施策の束（複数の人事施策の集合体）には，単純な施策の総和をこえて，施策間のシナジー効果をもたらすという利点もある。ただし，シナジー効果が発揮されるためには，複数の人事施策間での内的整合性（それぞれの施策の目的が一致していること）が求められる。

　人事施策の導入の結果，企業は稀少で模倣可能な情報や知識，能力，ものの見方の多様性，稀少で模倣不可能な多様な人材の効率的な人間関係の醸成，という人的資本を獲得する。そして，それらを通じて達成されるアウトカム指標は，効果的な企業戦略の策定，策定された戦略の効率的な遂行であり，結果として企業は持続的競争優位を達成すると考える。

　企業が，ダイバーシティ・マネジメントとして表面的に他社と類似性の高い人事施策を導入したとしても，その成果に企業間で違いが生じるのは，もちろん運用の適切さの問題もあるが，ダイバーシティ・マネジメントを目的とする人事施策と評価等他の人事施策との整合性が高く，うまく人事施策同士が連動しているか否かにもよる。

⑶　人事施策の運用に関わる管理職

　管理職は，人事施策を運用する形で人事施策に関与するが，その関与についてもう少し詳細に見ていこう。図表3-3は戦略的人的資源論（strategic human resource management）論において，人事施策が組織のパフォーマンスに与えるプロセスを図示したものである。「意図された人事施策」とは，人事部などによって企画立案された人事施策のことであり，「実行された人事施策」とは，職場で管理職が運用する人事施策である（Purcell and Hutchinson, 2007）。「知覚された人事施策」とは，管理職の運用を通じて提供された人事施策に対する部下の認知であり，知覚された人事施策を通じて，従業員の態度や行動を会社が求める方向と一致させることで，業績等組織目標の実現といった（部門や企業という）集団レベルでの成果につながる。

　この一連のプロセスにおいて，管理職は，「意図された人事施策」を「実行された人事施策」とすることで，人事施策に影響を与える。すなわち，管理職

図表3-3 人事施策が成果につながるプロセス

出所：Purcell and Hutchinson（2007）

は部門の状況や自らの権限，ならびに自らのリーダーシップにより，「意図された人事施策」を自分自身にとって実行可能な形で運用し，「実行された人事施策」にするのである。この過程で，人事部門が立案した「意図された人事施策」と管理職によって「実行された人事施策」に違いが生じうる。

　同時に管理職は，「実行された人事施策」から部下の「知覚された人事施策」に至るプロセスにも影響を与える。「意図された人事施策」と「実行された人事施策」に違いが生じるように，「実行された人事施策」と「知覚された人事施策」との間にも違いが生じうる。たとえば，部下とコミュニケーションに問題があり情報共有がうまく図れていない管理職では，部下に提供される情報が限定的になったり，部下が，管理職から発信された情報にバイアスをかけて受け取ったりすることを通じて，違いが生じる。このように，管理職は，人事施策に対して，その運用場面のいくつものプロセスにおいて，影響を与えることになる。この点はダイバーシティ・マネジメントを推進する人事施策においても同様である。

3　組織風土

⑴　組織風土とは何か

　Reicher and Schneider（1990）は，組織風土を「共有された認知として広く定義される，より正確には，組織の方針，実行と手順，公式・非公式に共有された概念であり，組織目標と目的達成のための適切な手段を示す全体としての概念である」（p.22）と定義した。この定義は，組織風土とは，組織メンバーが認知する働く場の環境のことであり，それがメンバー間で共有されているこ

とを重視するものである。組織風土は，個人の認知である心理的風土の延長線
上にある概念であり，職場環境に対する個々の認識の集合体から生まれた全体
的な認知であり，「共有された心理的意義」と捉えられている。

　組織風土と非常に近い概念に組織文化がある。組織文化は，さまざまに定義
されているが，それらに共通する点を挙げるならば，「組織のメンバーに共有
された価値観，信念，行動規範のパターン」だと言える。Schein（1985）は，
組織文化と組織風土の関係性について，文化は風土に比べてより深いものであ
り，意識されないものであり，風土は文化が意識化された概念だと述べている。
組織風土は従業員が自社について「どのように」意味づけているかに関心を向
けるものだとすれば，組織文化は従業員が「なぜ」そのように意味づけている
かに関心を向けるものである。

　北居（2014）は，組織風土研究の概観を通じて，「組織風土はあくまで『組
織や職務を取り巻く環境に対する個人の知覚である心理的風土の集積』である
と考えられる」（p.29）と述べ，一方組織文化については，「組織文化は『当該
組織で共有化された価値観や信念，行動規範』として定義できる」（p.29）と
している。その上で，両者の類似性は高いものの，前者は「私がどう捉えてい
るか」を問うものであり，後者は「私の会社ではどうなっているのか」を問う
ものだとしている。

⑵　ダイバーシティ・マネジメント研究で取り上げられる組織風土とその影響

　ダイバーシティ・マネジメントとの関連で検討されてきた代表的な組織風土
が，ダイバーシティ風土とインクルーシブ風土である。

①　ダイバーシティ風土

　ダイバーシティ風土は，複数の研究者によってさまざまな定義がなされてい
る。たとえばGelfand et al.（2005）は「組織においてダイバーシティを促進・
維持し，差別をなくすことを非常に重視する程度について，明示的もしく暗黙
的に伝える施策や取組みについて，従業員が共有している認識」（p.104）と定

義し，Gonzalez and DeNisi（2009）は「組織のダイバーシティに関連する公式な組織構造の特徴ならびに非公式に認める価値に対する，組織メンバーの集合的な認識」（p.24）と定義した。

　ダイバーシティ風土は，創造性の発揮といったプラスの効果をもたらすだけでなく，不平等がもたらすマイナスの影響を抑制する。たとえば，小売業の店舗の上司と部下が，共に自分達の組織はダイバーシティに対してサポーティブな組織風土であると捉えている場合に，その部門の売り上げが最も高くなる（McKay, Avery, and Morris, 2009）。また，Gonzalez and DeNisi（2009）は人種／エスニシティならびに性別による多様性に注目した上で，ダイバーシティに対してサポーティブな風土がある方が，離職意向が低く，組織コミットメント，組織アイデンティフィケーションが高いといった個人レベルの指標だけでなく，生産性やROP（Return on Profit）といった組織レベルでの指標に対してもプラスの影響をもたらす，もしくはマイナスの影響を抑制するといった効果があることを明らかにした。

② インクルーシブ風土
　ダイバーシティ・マネジメント研究において，昨今頻繁に用いられる組織風土の概念が，インクルーシブ風土である。インクルーシブ風土について説明する前に，インクルージョン（inclusion）について，ダイバーシティとの違いに注目した上で，見ていこう。

　⒜ インクルージョン
　Nishii（2013）は，インクルーシブな環境を「多様な文化的[1]アイデンティティを，洞察とスキルの資源として統合することを目的とした，集合的な関与によって特徴づけられる」（p.1754）環境と定義した上で，そのような環境下では，「歴史的に有力なアイデンティティグループのメンバーだけでなく，どのような属性を有する個人であっても，公正に扱われ，尊重され，中核的な意思決定に参加する」（p.1754）とした。また，Mor Barak and Daya（2014）は，排他的な職場の特徴を，「すべてのメンバーが，組織の主流の人々によって既

に決められた，組織の価値観や規範に同化することを求める認知に基づく職場」（p.393-394）とし，一方インクルーシブな職場の特徴を，「従業員間に存在するすべての文化的な物事の捉え方を尊重する，多元的な価値基準に基づく職場」と指摘した。Shore, Cleveland, and Sanchez（2018）は，両者を踏まえて，「インクルージョンとは，社会的に周辺に置かれているグループのメンバーに対して，周辺領域にはない（すなわち，組織の主流に位置する）グループのメンバーに提供されている参加や貢献の機会を平等に提供し，従業員が組織のすべての階層において十分に仕事に従事し，かつ真の自分自身であるための努力を支援することを含むもの」（p.177）と指摘した。

　職場のダイバーシティを論じる際，インクルージョンとダイバーシティには重複が多いことから，近年，インクルージョンとダイバーシティを区別しようとする試みが数多くなされている。たとえば，Hays-Thomas and Bendick（2013）では，ダイバーシティを「組織の人々の考え方，感じ方，仕事での行動，受入れ，仕事のパフォーマンス，満足度，組織の進歩に対して大きく影響を与える，労働力における属性の混在」と指摘し，インクルージョンを「多様な属性を持つ従業員の経験によって形作られるポリシーや施策，職場風土（文化）に新たに注目するもの」と指摘した。

　Shore, Cleveland, and Sanchez（2018）は，ダイバーシティはインクルージョンよりも容易に達成できることと，イノベーションにはインクルージョンが重要となることを指摘した上で，インクルージョンに関する研究の目的は，ダイバーシティが組織に問題等デメリットをもたらすことなく，プラスの影響をもたらすべく，インクルーシブな環境の構築と人事施策の実行のあり方を明らかにすることだとしている。

(b)　インクルーシブ風土

　現時点で最も使われているインクルーシブ風土尺度を作成したNishii（2013）は，既存のダイバーシティ風土を測定する尺度は，人事施策やマイノリティ・メンバーの公平性のみに焦点を当てていることを指摘した上で，インクルーシブ風土の次元として，①公平性，②統合戦略（違いの統合）の採用，③意思決

定への参加という3次元を取り上げた。

　この3次元について，Nishii and Rich（2014）を参照してみていこう。公平性とは，ダイバーシティに対する偏見を除き，たとえば男女間での違いを除外するような取組みにとどまらず，評価，昇進，教育訓練等一般的な人事施策における公平性ことであり，ダイバーシティ風土でも重視される次元である。

　統合戦略の採用とは，組織のマジョリティー，マイノリティー双方に変化を求めるものである。たとえば，女性を増やしていくといったダイバーシティの増加だけでなく，すべての従業員が，自分の性別や文化的なアイデンティティを脅かされることなく尊重されるよう，多様な従業員の日々の人間関係を調和させることである。女性等歴史的・組織的にマイノリティーであった集団は，職場の規範に適合するように表面的に合わせる行動をとるが，そのような行動を抑制し，自らのアイデンティティに合致した行動を隠すことなく表出できるような関係性を構築することが求められる。

　最後の意思決定への参加とは，たとえそれが現状をゆるがすような考えであったとしても，従業員の多様な視点や意見を求めることである。組織にとってそれまで自明の理である事象に対する疑義などを，拒絶せずに受け入れていくことで，個々の違いや多様性は，日々の仕事上の課題や職場の問題を見なおす学習の機会となる。同時に，属性が異なる人々が相互に関わることで，ステレオタイプ（単純化されたイメージ）や偏見が消えることにつながる。

　公平性は，統合戦略ならびに意思決定への参加の基盤となる。公正性が確保された職場環境において，はじめて人はマジョリティーによって作り上げられた規範や価値観を過度に意識することなく，また自分自身を偽ることなく表出することが可能になる。自分自身を偽らずに表出できることは，心理的安全へとつながり，職場のメンバー間での情報の共有を促進する。同様に，公平性が確保されていることは，意思決定の質にも影響を与える。公平性が保たれることで，マイノリティーはマジョリティーに迎合しない意見を表明し，結果として，職場のダイバーシティが，より良い意思決定を可能にする。

(c)　ダイバーシティ風土とインクルーシブ風土の違い

　ダイバーシティ風土とインクルーシブ風土は，特にこれまで相対的に低い地位に置かれてきた従業員群を公平に扱い，機会を提供していくことを重視しつつ，すべての従業員を公正に取り扱うことを重視する点において共通している。一方で，ダイバーシティ風土は，所属組織がすべての従業員を公平に扱おうとする取組みの程度に対する従業員の認知であるのに対し，インクルーシブ風土は，異なるアイデンティティを持つ従業員が，自らのアイデンティティに即して行動することが許容されるという期待や規範に関する集合的な認知に注目する，という点において違いがある。

(d)　インクルーシブ風土がもたらす効果

　Nishii（2013）は，インクルーシブ風土がもたらす効果として，インクルーシブ風土があるとき，性別における多様性がチーム内でのタスクコンフリクト（仕事・課題の内容や目標達成に対する考え方の違いならびに，意見の対立），関係性コンフリクト（タスクコンフリクトがこじれた感情的な対立），の双方を軽減することを明らかにした。また，インクルーシブ風土は，関係性コンフリクトの軽減を通じて，職場への満足度を高め，離職行動を抑制することも明らかにした。

　さらに，Li, et al.（2017）は，文化的多様性を有する75のチームを対象とした調査を通じて，チームにインクルーシブ風土がある時に，高い多様性はチーム内での情報の共有と個人の情報の精査につながるが，インクルーシブ風土がない時にはそのような行動は生じないことを明らかにした。前章で提示したカテゴリー化−精緻化モデル（CEM）が主張するように，チーム内での情報の共有は，チームの創造性の向上と個人が自分の持っている情報の精査を通じて個人の創造性の向上につながることから，インクルーシブ風土は，情報の共有ならびに精査を促すことを通じて，創造性の発揮をもたらすと言える。

(3)　組織風土に関与する管理職

　組織風土の規定要因としては，①従業員に対して組織で価値があり，高く評

価される行動を規定するさまざまな人事施策，②職場のさまざまな出来事に対する意味付けを共有し，かつ職場における物事の捉え方に影響を与える従業員間の人間関係，③意思決定や行動に対する規範を示す職場環境，が取り上げられることが多い。

　管理職は人事施策の運用を通じて，また職場の人間関係の中でも強い影響力を持つ個人として，さらには明示的・暗黙的双方の職場の規範を構築する存在として，組織風土に影響を与えることから，組織風土形成や変革に対して影響を与える存在だと言える。同時に，従業員にとって管理職は，組織風土を体現する存在でもある。しかしながら，管理職も組織の構成員であることから，さらに上位の組織風土から影響を受ける存在であることに留意が必要である。

　ダイバーシティ・マネジメントの推進という観点からは，管理職には，人事施策の運用ならびに自らのリーダーシップ行動を通じて，ダイバーシティが組織や部下に対してプラスの影響をもたらし，かつマイナスの影響が生じないよう組織風土を構築すること，その際必要であれば現在の組織風土を変革していくことが求められる。

4　リーダーシップ

(1)　リーダーシップとは何か

　リーダーシップとは，リーダーとフォロワーという2者の関係の中で発揮される影響力のことである。リーダーシップ研究が対象とするリーダーは，トップマネジメントから現場の管理職まで多岐にわたるが，ダイバーシティ・マネジメント研究では，部門のメンバーと直接対峙する，いわゆるフロントラインの管理職を対象とすることが多い。それは，メンバーと対峙する現場の管理職が多様なメンバーに対して最も直接的に影響を与えるからである。

(2)　ダイバーシティ・マネジメント研究で取り上げられるリーダーシップ

　ダイバーシティ研究ならびにダイバーシティ・マネジメント研究において，

　主として取り上げられるリーダーシップ概念としては，変革型リーダーシップ（transformational leadership），エンパワメント・リーダーシップ（empowerment leadership），サーバント・リーダーシップ（servant leadership），オーセンティック・リーダーシップ（authentic leadership），リーダー－メンバー交換関係（Leader-Member Exchange：以下，LMX），インクルーシブ・リーダーシップ（inclusive leadership）がある。これらのリーダーシップ概念は，内容的に重複する部分も多い。

　ダイバーシティ・マネジメント研究において，これらのリーダーシップ概念が多用される背景には，これらのリーダーシップ概念がダイバーシティ・マネジメントとの整合性が高いという以上に，リーダーシップ研究全体の流れとして，近年フォロワー個々の価値観を重視し，フォロワーの尊厳を高めるようなリーダーシップのあり方が注目されていることがある。

　Randel et al.（2018）は，インクルーシブ・リーダーシップの概念化を図った上で，他の概念との相違を比較した（図表3-4）。図表3-4に基づいて彼らが提唱したインクルーシブ・リーダーシップならびに，ダイバーシティ・マネジメントで用いられることの多い，他のリーダーシップ概念を概観する。Shore et al.（2011）は，インクルージョンを「従業員が自らの所属感（belongingness）と独自性（uniqueness）の欲求の双方を満たすことができる経験をすることを通じて，職場で価値あるメンバーとして尊重されているという認識を持つ程度」と定義した。ここでいう独自性とは，「本来の自分らしくある独自の存在として」という意味に近く，「所属集団における普通の」と言われるようなマジョリティーに迎合することなく，独自性のある存在としてふるまうことを意味する。

　Randel et al.（2018）は，Shore et al.（2011）の概念化に基づき，メンバーの所属感を高め，独自性に価値があることを表明するリーダシップとして，インクルーシブ・リーダーシップを提唱した。メンバーの所属感を高める行動には，①メンバーの支援，②すべてのメンバーへの公平かつ平等な関与，③メンバーが関連する事項への意思決定の機会の共有，という3つの行動が含まれる。また，独自性に価値があることを表明する行動には，①多様な貢献の促進（多

様な意見が持ち込まれることにより生じうる職場でのコンフリクトの調整を含む），②メンバーの十分な貢献への支援（メンバーが職場で貢献しようとすることを抑止する要因の除去），が含まれる。

　変革型リーダーシップとは，フォロワーの組織目標への関与を高めるためにビジョンを示し，フォロワーが一体感を抱き，熱心に見習おうとするロールモデルとなるようにふるまい，フォロワーの気づきを促し，フォロワーの多様性を認めた上で成長を促すようにコーチングやサポートを提供するものである。

　エンパワメント・リーダーシップは，部下の内発的動機づけを高めるために，リーダーが持つ権限をフォロワーに分け与え，コーチングを行い，ロールモデルとなり，組織目標の説明を行うリーダーシップである。フォロワーの意思決定や組織目標への裁量度を高めることを目的とする。

　サーバント・リーダーシップとは，他者への多大なサービス，仕事への全体論的アプローチ，コミュニティの重視，意思決定への力の共有を強調するものであり，具体的な行動としては，耳を傾けること，共感，癒すこと，説得，概念化すること，洞察，奉仕する心，人々の成長へのコミットメント，コミュニティを築くこと，といった行動が含まれる。

　オーセンティック・リーダーシップの「オーセンティック」とは，「真の」もしくは「偽りのない」という意味である。オーセンティック・リーダーシップとは，リーダーが自分自身の長所・短所を自覚し，自らの価値観や信念を偽ることなく，誠実で倫理的な行動をとるリーダーシップのことである。オーセンティック・リーダーシップは，自信，希望，楽観といったリーダーのポジティブな行動や心理的資本に注目し，かつ倫理的，道徳的な要素を含むことが特徴である。

　LMXとは，仕事上での問題解決につながるような支援を提供する程度や相手のニーズを理解しようとする程度等，リーダーとメンバーの間の関係の質が，リーダーと個々のメンバーとの関係ごとに異なる点に注目するものである。リーダーとメンバーの関係の質が良好（高LMX）である場合，メンバーのモチベーションが高まる等プラスの影響がもたらされる。

図表3-4 | ダイバーシティ・マネジメント研究で用いられるリーダーシップの諸概念

リーダーシップ の概念	特徴	行動例	インクルーシブ・リーダー シップとの主たる違い
インクルーシブ・ リーダーシップ	すべてのグループメンバーが，職場への所属感を認知することを促す一連の行動，ならびにグループメンバーが，その独自性をグループの肯定的な結果の達成に貢献するよう励ます行動	・個人をグループメンバーとして支援する ・グループ内の公平性と平等を追求する ・グループへの個人の多様な貢献を促進する ・個人がその独自性ならびに能力を集団での仕事に十分に発揮できるよう支援する	
変革型リーダーシップ	部下の目標を広げ高めること，部下との暗黙もしくは明白な同意に限定した期待を超えて，実行する自信を提供することによりメンバーに影響を与える行動（Dvir, Eden, Avolio, & Shamir, 2002: 735）.	・メンバーの仮定に挑む ・魅力あるビジョンを共有する ・メンバーを育成する ・困難な目標を達成する	変革型リーダーシップは，組織のニーズに基づいて，メンバーを動機づけ，育成する。一方，インクルーシブ・リーダーシップは，メンバーが自分自身を偽ることなく，彼らの独自の能力や物の見方が貢献することを可能にする。
エンパワメント・ リーダーシップ	権力を部下と共有することを通じて内発的動機づけの向上させる行動（Srivastava, Bartol, & Locke, 2006: 1240）	・例を用いて導く ・問題の解き方を教える ・コーチング	エンパワメント・リーダーシップは，権力の共有，教育，コーチングに言及するものであり，インクルーシブ・リーダーシップは，所属感と個人が自らの独自性に基づいて貢献しているという感覚を促進する。
サーバント・ リーダーシップ	リーダー役割における個人の利益に重きをおかず，かわりに組織，メンバー，他のステークホルダーならびにコミュニティの成功を創出する個人の道徳上の責任に焦点をあてる行動（Ehrhart, 2004; Greenleaf, 1977）	・倫理的にふるまう ・（自分より）メンバーを優先させる ・メンバーの成長と成功を支援する ・コミュニティにとっての価値を創造する	サーバント・リーダーシップは，メンバーの成功の構築に焦点を当てるが，必ずしもメンバーの所属感や独自性への欲求を視野にいれていない。

オーセンティック・リーダーシップ	部下の肯定的な自己開発を促すべくリーダー側が取る行動であり，高い自己認識，内面化された道徳観，バランスの取れた情報処理，関係の透明性を促進するために，肯定的な心理的能力ならびに肯定的な倫理的風土を利用したり，促進したりすするする行動(Walumbwa, Avolio, Gardner, Wernsing, & Peterson, 2008, p. 94)	・メンバーに厳しい現実を伝える ・純粋な感情を示す ・コアバリューに基づいた意思決定をする ・注意深く聞く	オーセンティック・リーダーシップはオーセンティックリーダーの行動に言及するものである。一方，インクルーシブ・リーダーシップは，メンバーが受容を経験し，その独自の能力や物の見方が貢献するようにすることに焦点を当てる。
リーダー—メンバー　交換関係	リーダーはメンバーによって質の異なる関係を構築し，それらの関係はリーダーとメンバーとの間での，公的な雇用契約に基づくと期待されたものを超えた資源ならびに支援の交換の程度を反映することを説明するもの((Liden, Erdogan, Wayne, & Sparrowe, 2006, p 723)	・メンバーが，誰が自分を支持しているかを知ることを支援する ・メンバーの問題とニーズを理解している ・メンバーの可能性を認識する ・メンバーが問題を乗り越えることを支援する	LMXは，リーダーとメンバーの間での資源とサポートの肯定的な交換の促進に焦点を当てるものである。一方，インクルーシブ・リーダーシップは，メンバーのグループへの所属感と，個人の独自性に貢献する能力が組織において価値があり歓迎されているという感覚を醸成するものである。

出所：Randel et al.（2018）

⑶ 調整変数としてのリーダーシップ

　第2章で示したように，リーダーシップは，職場のダイバーシティが，職場に与える影響を左右する調整変数である。そこで，調整変数としてのリーダーシップが与える影響に関する実証研究を概観する。リーダーのインクルーシブな行動は，メンバーの心理的安全ならびに職場のパフォーマンスの強化（Hirak et al. 2012），クリエイティブな仕事への従業員の関与（Carmeli, Reiter-Palmon, and Ziv, 2010），ワーク・エンゲイジメント（仕事に関連するポジティブで充実した心理状態：Choi, Tran and Park, 2015）とプラスの関係を示した。

　Randel et al.（2016）は，リーダーのインクルーシブな行動と心理的なダイバーシティ風土が，リーダーや他のメンバーへの援助行動に与える影響を検討した。その結果，心理的なダイバーシティ風土は，グループメンバー間ならび

にリーダーへの援助行動を促進した。さらに，リーダーがインクルーシブな行動を取っている場合，男性ならびに白人ではリーダーに対する援助行動を促進した。しかしながら，女性などマイノリティーでは，リーダーの行動がインクルーシブであるが，心理的なダイバーシティ風土が存在しない場合には，リーダーに対する援助行動は低下した。

Nishii and Mayer（2009）は，リーダーのインクルーシブな行動の測定にLMXを用い，高LMXならびに部門内でのLMXの分散の小ささを，リーダーのインクルーシブな行動の指標とした。LMXは部下が上司のリーダーシップ行動を測定することから，分散が大きいことは部下間で上司との関係性の良好さが大きく異なることを，分散が小さいことは，部下間で上司との関係性の良好さの違いが小さいことを表す。その上で，リーダーがインクルーシブな行動を取る時，年齢・性別・人種で構成される部門の属性的ダイバーシティと離職は，負の相関関係にあることを明らかにした。しかしながら，LMXが高く，部門内でのLMXの分散が大きい時に，ダイバーシティと離職との関係は最も強い正の相関を示した。これらのことは，最も離職率が高くなるのは，一部のメンバーのみが上司と良好な関係を構築している時であることを意味する。

⑷　ダイバーシティ・マネジメントにおいて管理職のリーダーシップが果たす役割

ダイバーシティ・マネジメントにおいて，管理職のリーダーシップがフォロワーである部下に与える影響には大きく分けて3つの経路が想定される。まず，管理職のリーダーシップが，直接フォロワーである部下に与える影響である。これは，リーダーシップ研究が想定する，リーダーとフォロワーとの相互作用がもたらす影響である。次にリーダーシップと人的資源管理との相互作用を通じてもたらす影響である。最後にリーダーシップと組織風土との相互作用を通じてもたらす影響である。

リーダーシップと人的資源管理との相互作用の中には，2つのプロセスがある（図表3-5）。第1に，人的資源管理がリーダーシップに対して影響を与えることを通じて，部下の態度や行動に影響を与える（パス1）。このパスでは，

人的資源管理がリーダーシップの規定要因として位置づけられる。たとえば，ダイバーシティ・マネジメントとしての人事施策が，管理職のインクルーシブ・リーダーシップを促進することを通じて，部下の部門への所属感が高まることである。

　もう1つが，リーダーシップと人的資源管理との相互作用を通じてもたらす影響である（パス2）。Leroy et al.（2018）は，個人と組織が調和していることが，個人・組織双方に良い結果をもたらすとする個人－組織適合（person-environment fit）の枠組みを参照した上で，リーダーシップと人的資源管理の間には，高い類似性がもたらす追補的適合（supplementary fit）と，高い相違性がもたらす相補的適合（complementary fit）という2つのタイプの適合に基づく相互作用があることを示した。

　高い類似性に基づく追補的適合（supplementary fit）は，人事施策の内的一貫性にもつながる考え方であり，人的資源管理が従業員に対して発するメッセージと，リーダーシップが部下に対して発するメッセージの類似性が高いことで，部下に伝わる組織としてのメッセージが，より強固なものとなり，より良い効果がもたらされるというものである。たとえば，公平性を重視するダイバーシティ・マネジメントが導入され，かつ管理職が公平性が高いリーダーシップが発揮することで，多様な人材で構成される部下全体のモチベーションが高まるといったことである。言い方を変えれば，人的資源管理が発するメッセージとリーダーシップが発するメッセージが異なる場合，部下にもたらすプラスの効果は弱まり，マイナスの影響が生じる。

　一方，高い相違性がもたらす相補的適合（complementary fit）とは，人的資源管理とリーダーシップとの間に違いがあることで，お互いの足りない部分を補うことが可能になり，結果として良い影響につながるという考え方である。たとえば，イノベーションにはアイディアを創出するプロセスと，アイディアを実行するプロセスがあるが，この2つプロセスで求められる態度ならびに行動は相反するものである。そのような場合において，人的資源管理がアイディアの創出を促進し，リーダーシップが実行を促進するというように，両者に違いがあることによって，総体としてメリットがもたらされるというものであ

る。

図表3-5　リーダーシップとHRMとの関係

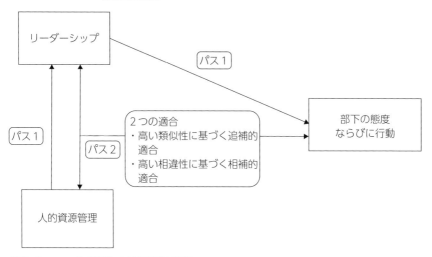

出所：Leroy et al.（2018）を元に著者が改変

　組織風土とリーダーシップとの間にも，人的資源管理とリーダーシップとの相互作用と同様の関係性が存在すると考えることができる。すなわち，リーダーシップは組織風土の規定要因でもあるが，同時に組織のより上位階層の組織風土が，管理職のリーダーシップの規定要因として影響を与えることを通じて，部下の態度ならびに行動に影響を与える。また，リーダーシップと組織風土との間の2つのタイプの適合を通じて，部下の態度ならびに行動に影響を与える。

　このように，管理職のリーダーシップは，独立した要因として，ダイバーシティとダイバーシティがもたらす影響との関係性を左右する調整変数となるだけでなく，人的資源管理ならびに組織風土との相互作用を通じて，ダイバーシティとダイバーシティがもたらす影響との間における調整変数となるのである。

POINTS

◆ 企業が推進するダイバーシティ・マネジメントは，ダイバーシティに期待することの違いにより，「差別と公平のパースペクティブ」「アクセスと正当性のパースペクティブ」「統合と学習のパースペクティブ」，という3タイプに分類することができる。

◆ 企業は，人事施策を通じてダイバーシティ・マネジメントを推進するが，ダイバーシティ・マネジメントとは両立支援といった一群の人事施策のみを指し示すのではなく，人事施策のあり方全体に影響を与えるものである。管理職は，人事施策の運用を通じて，ダイバーシティ・マネジメントが部下，ひいては組織全体に与える影響を左右する。

◆ ダイバーシティ・マネジメントは，組織風土によっても推進され，特にダイバーシティ風土やインクルーシブ風土がダイバーシティ・マネジメントを推進する。両者に共通するのは公平性の重視である。管理職はリーダーシップ等を通じて組織風土を構築すると同時に，メンバーにとって組織風土を体現する存在である。

◆ ダイバーシティ・マネジメント研究では，インクルーシブ・リーダーシップなどさまざまなリーダーシップが与える影響が検討されている。管理職が発揮するリーダーシップは，リーダーシップ単独としてだけでなく，人事施策ならび組織風土との相互作用を通じて，ダイバーシティ・マネジメントの推進に影響を与える。

| 注
1　文化的アイデンティティには，性別などの個人属性も含まれる。

| 参考文献
北居明（2014）『学習を促す組織文化 -- マルチレベル・アプローチによる実証分析』，有斐閣.
Carmeli, A., Reiter-Palmon, R., & Ziv, E. (2010). Inclusive Leadership and Employee Involvement in Creative Tasks in the Workplace: The Mediating Role of Psychological Safety. *Creativity Research Journal, 22*(3), 250-260.
Choi, S. B., Tran, T. B. H., & Park, B. I. (2015). Inclusive Leadership and Work Engagement: Mediating Roles of Affective Organizational Commitment and Creativity. *Social Behavior and Personality: an international journal, 43*(6), 931-943.

Ely, R. J., & Thomas, D. A. (2001). Cultural diversity at work: The effects of diversity perspectives on work group processes and outcomes. *Administrative Science Quarterly, 46*(2), 229-273.

Gelfand, M. J., Nishii, L. H., Raver, J. & Schneider, B. (2005). Discrimination in organizations: An organizational-level systems perspective. In Editors: R.L. Dipboye & A. Colella (Eds.), *Discrimination at work: The psychological and organizational bases* (pp.89-116). Mahwar, NJ. Erlbaum.

Gonzalez, J. A., & DeNisi, A. S. (2009). Cross-level effects of demography and diversity climate on organizational attachment and firm effectiveness. *Journal of Organizational Behavior, 30*(1), 21-40.

Hays-Thomas, R., & Bendick, M. (2013). Professionalizing Diversity and Inclusion Practice: Should Voluntary Standards Be the Chicken or the Egg? *Industrial and Organizational Psychology-Perspectives on Science and Practice, 6*(3), 193-205.

Hirak, R., Peng, A. C., Carmeli, A., & Schaubroeck, J. M. (2012). Linking leader inclusiveness to work unit performance: The importance of psychological safety and learning from failures. *Leadership Quarterly, 23*(1), 107-117.

Leroy, H., Segers, J., van Dierendonck, D., & den Hartog, D. (2018). Managing people in organizations: Integrating the study of HRM and leadership. *Human Resource Management Review, 28*(3), 249-257.

Li, C. R., Lin, C. J., Tien, Y. H., & Chen, C. M. (2017). A Multilevel Model of Team Cultural Diversity and Creativity: The Role of Climate for Inclusion. *Journal of Creative Behavior, 51*(2), 163-179.

McKay, P. F., Avery, D. R., & Morris, M. A. (2009). A Tale of Two Climates: Diversity Climate From Subordinates' and Managers' Perspectives and Their Role in Store Unit Sales Performance. *Personnel Psychology, 62*(4), 767-791.

Mor Barak, M. E., & Daya, P. (2014). Fostering inclusion from the inside out to create an inclusive workplace. In B. M. Fermdman & B. R. Deane (Eds.), *Diversity at work: The practice of inclusion* (pp.391-412). San Francisco, CA: Jossey-Bass.

Nishii, L. H. (2013). The Benefits of Climate for Inclusion for Gender-Diverse Groups. *Academy of Management Journal, 56*(6), 1754-1774. doi:10.5465/amj.2009.0823

Nishii, L. H., & Mayer, D. M. (2009). Do inclusive leaders help to reduce turnover in diverse groups? The moderating role of leader-member exchange in the diversity to turnover relationship. *Journal of Applied Psychology, 94*(6), 1412-1426.

Nishii, L. H., & Rich, R. E. (2014). Creating Inclusive Climates in Diverse Organizations. In B. M. Ferdman (Ed.), *Diversity at Work: The Practice of Inclusion* (pp. 330-363).

Purcell, J., & Hutchinson, S. (2007). Front-line managers as agents in the HRMperformance causal chain: theory, analysis and evidence. *Human Resource Management Journal, 17*(1), 3-20.

Randel, A. E., Galvin, B. M., Shore, L. M., Ehrhart, K. H., Chung, B. G., Dean, M. A., & Kedharnath, U. (2018). Inclusive leadership: Realizing positive outcomes through belongingness and being valued for uniqueness. *Human Resource Management Review,* *28*(2), 190-203.

Reichers, A. E., & Schneider, B. (1990). Climate and culture: An evolution of constructs. In B. Schneider (Eds.), *Organizational climate and culture* (pp.5-39). San Francisco: Jossey-Bass.

Scott, R. S. (1995). Institutions and Organizations, Sage Publications. (河野昭三・板橋慶明訳 (1998).『制度と組織』税務経理協会)

Schein, E. H. (1985). Organizational Culture and Leadership. Jossey-Bass.

Shen, J., Chanda, A., D'Netto, B., & Monga, M. (2009). Managing diversity through human resource management: an international perspective and conceptual framework. *International Journal of Human Resource Management, 20*(2), 235-251.

Shore, L. M., Cleveland, J. N., & Sanchez, D. (2018). Inclusive workplaces: A review and model. *Human Resource Management Review, 28*(2), 176-189.

Yang, Y., & Konrad, A. M. (2011). Understanding Diversity Management Practices: Implications of Institutional Theory and Resource-Based Theory. *Group & Organization Management, 36*(1), 6-38.

第 4 章

ダイバーシティ・マネジメントで
管理職が直面する課題

　管理職はダイバーシティ・マネジメントにおいて重要な役割を果たすことが期待される一方，期待される行動を効果的に取れていないと批判されることも多い。本章では，部下の性別によって管理職の育成行動に違いがあることを例として示した上で，管理職が期待される役割を果たせていない現状を確認することから始める。

　その上で，管理職がダイバーシティ・マネジメントにおいて期待される役割を果たすことを難しくする3つの理由を取り上げる。まず，管理職に求められる行動の難易度が以前よりも高まっていることである。管理職は求められる行動の難易度が高まっている中で，ダイバーシティ・マネジメントにも対処しなければならない。次にダイバーシティ・マネジメントに限らず，広く人事施策を運用する際に管理職が直面する課題である。この2つは，ダイバーシティ・マネジメントに固有の難しさだけが，管理職が，ダイバーシティ・マネジメントにおいて期待される行動を取ることができない理由ではないことを示す。最後に，ダイバーシティ・マネジメント固有の難しさを紹介する。

　3つの理由は，管理職が，ダイバーシティ・マネジメントの運用を担う際に直面する困難への対処を検討する上での着眼点を提供するものである。

1 ダイバーシティ・マネジメントにおける管理職の課題

(1) 推進上の課題となる管理職

　企業が，ダイバーシティ・マネジメントに取り組んだとしても，期待した効果が得られるとは限らない。たとえば，ダイバーシティ・マネジメントの一環として，育児や介護といった家族的責任を果たす従業員の就業継続を図る両立支援策が導入されたからと言って，すぐに女性の育児休業取得率が上昇したわけではなかった。育児休業取得率が高まらない理由として指摘された課題に，両立支援策の利用しづらさがあった。会社として人事施策は導入したが，実際に従業員が利用する際のハードルは非常に高い。つまり「あるけど使えない」状況が発生し，管理職がそのような状況を生み出す原因となっていると捉えられたのである。

　これは，人事制度の運用場面における管理職の適切ではない運用が問題となる例であるが，人事制度の運用場面だけでなく，第3章で見てきたように，管理職は，組織風土の醸成，リーダーシップを通じて，部下に直接接点を持ち大きな影響を与えることから，ダイバーシティ・マネジメントが求める効果をもたらさない時に，管理職はその主要な原因として指摘されることが多い。

(2) 部下の属性による管理職の育成行動の違い

　ダイバーシティ・マネジメントに関わる人事施策の適切な運用を期待される管理職が，期待される行動を取っていない現状について，調査結果を用いて紹介する。ワーク・ライフ・バランス＆多様性推進・研究プロジェクト（2018）では，管理職の部下育成に注目した上で，営業部門の管理職を対象とした調査を実施し，部下の性別によって管理職の行動が異なることを明らかにした。この調査は，①雇用区分が同一，②等級が同一もしくはなるべく近似する，③営業業務に従事する，④年齢が25-34歳，という4つの条件を満たすフルタイムの男性部下・女性部下双方を持つ営業部門の課長クラスの管理職を対象として

実施された。すなわち，可能な限り条件が等しい男女双方の部下を持つ管理職を対象として，部下の性別による育成行動の違いを検討したのである。

　この調査は，性別という属性の多様性を対象とし，性別により管理職から受ける育成行動に違いがあるのではないかという問題意識，すなわち第3章で紹介した差別と公平のパースペクティブに基づくものである。

　女性部下と男性部下との間で対応のある2群での比較を行った結果，「その部下の仕事の質を厳しくチェックしている」($z = -2.333$, $p<.001$)，「今後のキャリアを後押ししている」($z = -2.449$, $p<.05$)，「やりがいのある仕事を与えている」($z = -2.236$, $p<.05$) という3つの行動で，行動の比率に有意差が認められた（図表4-1）。管理職は，女性部下よりも男性部下に対して，これらの行動をより提供していた。調査対象の管理職が育成する男女の部下は，雇用区分等，性別以外の他の側面での類似性が高いことを考えるならば，これらの違いは部下の性別によって生じており，かつ性別間で違いがあることから，管理職の部下に対する育成行動は，部下の性別間で公平性が欠けた状態にあると言える。

　この調査は，管理職が所属する企業のダイバーシティ・マネジメントの推進状況を考慮していないという限界があるものの，管理職はダイバーシティ・マネジメントにおいて期待される行動を取っていないことを指摘するものであり，管理職の部下育成行動に課題があることを示す。

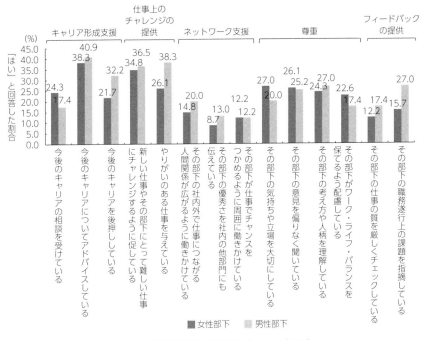

図表4-1 女性部下と男性部下に対する管理職の育成行動

出所：ワーク・ライフ・バランス＆多様性推進・研究プロジェクト（2018）

(3) 期待される行動を取れない3つの理由

　ダイバーシティ・マネジメントに限らず，特に人的資源管理の運用場面に注目する研究では，管理職の運用のあり方を課題として指摘する研究が多い。なぜ，管理職はダイバーシティ・マネジメントの運用場面で効果的に機能することが難しいのだろうか。

　本章では，管理職によるダイバーシティ・マネジメントに関わる人事施策の効果的運用が困難となる原因を，①管理職の管理行動上の課題，②ダイバーシティ・マネジメントに限定せず広く人的資源管理全般に共通する課題，③ダイバーシティ・マネジメント固有の課題，という3点から整理する。

　この3点に注目する理由は，管理職がダイバーシティ・マネジメントに取り

組む際に，期待される役割を果たしていないという問題の構造は，多層的だと
考えるからである。もちろん，ダイバーシティ・マネジメントだからこそ管理
職が直面する課題も存在する。しかしながら，表面的には「管理職が効果的な
ダイバーシティ・マネジメントを実行できていない」と見える問題の背後には，
実はそもそも人的資源管理全般の運用に課題があり，その課題がダイバーシ
ティ・マネジメントを通じて浮かびあがってきたということがあるだろう。同
様に，管理職自身がそもそもダイバーシティ・マネジメントと無関係に，管理
職としての役割遂行が困難な状況にあり，それが原因でダイバーシティ・マネ
ジメントに必要な行動を取れていない可能性もある。

　管理職による効果的なダイバーシティ・マネジメントの実行を求める際には，
3つそれぞれの観点から対応策を検討するという，複眼的な思考が必要である。

2　管理職のマネジメント行動：変わる役割と高まる難易度

⑴　管理職が担う役割と仕事

　管理職の役割についてはさまざまな方面から言及されているが，本章では管
理職の行動に注目した研究のレビューを通じて，管理職の役割ならびにその実
態について明らかにする。

　そもそも管理職はどのような役割を担っているのだろうか。1980年代，管理
職は組織における主要な存在であり，企業のパフォーマンスに影響を与える存
在であるという前提のもと，管理職の仕事とは何かという議論が活発に行われ
た（Hambrick and Mason, 1984）。

①　Mintzbergが提示した管理職の役割

　管理職の役割について言及した代表的な研究が，Mintzberg（1973）による
ものである。Mintzbergは5人のマネージャーの観察を通じてマネージャーの
役割を明らかにした。Mintzbergが観察対象とした「マネージャー」は全て経
営者であるが，Mintzbergはどの階層のマネージャーも共通の役割を，力点を

変えながら遂行していると主張していることから，管理職の役割として紹介する。

　Mintzberg（1973）は，管理職の活動を，対人関係の役割・情報関係の役割・意思決定の役割という3つの領域に大別した上で，それぞれの領域に該当する役割として，全部で10の役割を指摘した（図表4-2）。

　(a)　対人関係の役割には，マネージャーの肩書と権限に結びつく，対人関係の展開に関わるものであり，フィギュアヘッド，リーダー，リエゾンという3つが含まれる。フィギュアヘッドとは，組織にとって公的なすべての行事について，組織を代表するという任務である。リーダーとしての役割は，動機づけや人員配置など，マネージャーが部下と持つ関係を決めるものである。リーダーとしての役割は，すべての役割の中でも重要度が高く，注目されてきた。リエゾンとは，連結のことである。マネージャーがその地位により果たすことができるリエゾンにより，同僚や組織の外の人たちと交流し，好意的援助と情報を得ることができる。フィギュアヘッド，リーダーは，組織のタテの関係性に言及するものであり，一方リエゾンは，ヨコの関係における重要性を指摘するものである。

　(b)　情報関係の役割とは，情報の受信と発信に関わるものであり，モニター，周知伝達役，スポークスマンという3つが含まれる。モニターは，マネージャーを情報の受信器であると同時に，収集器とみなす。情報を受信し，それを統制することにより，自分の組織を詳細に把握できるようになる。周知伝達役とは，マネージャーが自分の組織内に，情報を伝達する役割である。スポークスマンとは，組織の情報を外部環境に広める役割である。これらの役割は，マネージャーに神経中枢としての性格を与えるものである。モニターの役割で，マネージャーは自分の組織内ならびにその外部環境に関する情報を収集し，周知伝達役とスポークスマンの両役割では，収集した情報を他者に伝達する。

　意思決定の役割には，企業家，障害処理者，資源配分者，交渉者，という4つが含まれる。企業家とは，マネージャーの職能に変革を起こす役割である。障害処理者とは，自分の組織が脅威にさらされた際に対処する役割である。資源配分者とは，自分の組織がどこに注力するかを決める役割である。交渉者と

は，組織の利益のために交渉に入らなければならないような状況に対処する役割である。独自の情報アクセスとその地位や権限により，マネージャーは組織の重要な戦略的意思決定システムの中心を担い，自分の組織の戦略策定システムの全責任をとる。

　上記の10の管理的役割に加えて，業務上の役割（operational roll）も担うものであり，専門家と代替としての役割という２つが含まれる。専門家とは，マネージャー自身の専門性を発揮する行動を担うことである。代替としての役割（substitute role）とは，なんらかの必要性が生じたときに職務を担当することである。たとえば，部下の急な欠席時に職務を代行するといったことである。

図表4-2 ｜ Mintzberg（1973）が提唱した管理職の役割

管理的役割	対人関係の役割	フィギュアヘッド リーダー リエゾン
	情報関係の役割	モニター 周知伝達役 スポークスマン
	意思決定の役割	企業家 障害処理者 資源配分者 交渉者
業務上の役割		専門家 代替としての役割

②　Halesが提示した管理職の仕事とその特徴

　Hales（1986）は，レビューを通じて管理職の中核的な仕事として，①組織のフィギュアヘッドや代表としての活動，②リエゾン（内外とのネットワークの形成と維持），③情報のモニタリング・選別ならびに普及，④資源配分，⑤トラブルへの対応とワークフローの維持，⑥交渉，⑦イノベーション，⑧作業の計画とスケジューリング，⑨部下の仕事の指示と管理，を指摘した。それらに加えて，Hales（1999）では，採用・評価・育成といった人的資源管理の実

行と，技術的な仕事（管理職自身の専門性ならびに部門に関連する仕事）とい
う2つを付け加えた。

その上でHales（1999）は，管理職の仕事の特徴として，①短期的で，中断
され，分断された活動，②さまざまな出来事や問題や他者からの要求に反応す
ることの必要性，③計画的というよりは，危急で，アドホックで予期しないこ
とへの没頭，④多くの場合，対面的コミュニケーションを伴う高水準の言語的
コミュニケーション，⑤競合する要求を巧みに処理する際の緊張とプレッ
シャーならびにコンフリクト，⑥担う仕事内容や範囲ならびに担い方について
の一定程度の選択と交渉，という6点があることを明らかにした。

これらの研究は，管理職が担う仕事上の役割を記述し，その類型化を行うと
いう形で進められたものであり，管理職が担う行動や役割の実態を明らかにし
たものである。

⑵　変化する管理職の仕事

Mintzbergが管理職の10の役割を提唱してからすでに半世紀以上経過してい
るが，今日でもこのフレームワークが広く浸透していることは，管理職の仕事
が，一定の普遍性を有していることを示すものである。しかしながら，管理職
の役割や行動の変化に注目した研究も出てきている。

①　変わる管理職の仕事・変わらない管理職の仕事

Korica, Nicolini, and Johnson（2017）は，トップ管理職からライン管理職ま
でのすべての階層を対象として，管理職の仕事（managerial work）が過去60
年以上にわたり，どのように研究されてきたかを明らかにすることを目的とし
て膨大なレビューを行い，その中で管理職の仕事の変遷について明らかにした
（図表4-3）。

図表4-3からいくつか特徴を取りあげる。階層を問わずすべての管理職が
行うコミュニケーションは，言語的コミュニケーションを中心としていること
に変わりはないが，関わり方が命令や統制という一方通行の形から対話志向へ
とその方法は変化した。

図表4-3　管理職の仕事の変容

変化しないもの		変化したもの	
すべての管理職層		すべての管理職層	
コミュニケーション	言語的メディアを好み，ほとんどの時間を対面でのコミュニケーションに使う	コミュニケーション／意思決定	命令や統制という形での意思決定から対話志向のコミュニケーションへの変化
ミーティング	短時間の電話や予定外のミーティングが一般的。予定されたミーテイングは管理職の時間をほかの活動よりも最も多く消費する	ミーティング	ミーティングの参加人数の増大　部下に費やす時間の増大と部外者との時間の減少
情報	メールは急ぎとして扱う	情報	より多くの情報の提供　情報の読解や吟味により多くの時間を使う
視察	価値を認めつつも，ほとんど時間を費やさない		
優先するもの	今起きていること	トップ管理職層	
一人の時間	内省のための時間はほとんどない	出張	出張の増加
責任	大量の仕事をたゆみないペースでこなす。膨大なあいまいさに対処する。上司と過ごす時間はほとんどない。	断片化	仕事の中断や断片化の減少
		時間	労働時間の長期化
		デスクワーク	デスクワークの減少
ミドル管理職層			
デスクワーク	デスクワークの総量はほとんど変化していない	ミドル管理職層	
断片化	仕事の中断や断片化は一般的	ミーティング	定期的なミーティングへの参加の増大
時間／困難	週当たりの労働時間に変化はない／管理体制の簡素化が，労働強度ならびに責任の増大をもたらす	出張	出張の増加
ライン管理職層		ライン管理職層	
	わずかな出張・高い仕事の断片化	責任	管理・計画・モニタリングの増大

出所：Korica, Nicolini, and Johnson（2017）を一部改変

　ミーティングについては，短時間の電話や予定外のミーティングが一般的であることに変わりはないが，ミーティングへの参加人数は増えていた。また，管理職が，自分の上司と過ごす時間はほとんどない状況は変化することなく継続しているが，部下に費やす時間が増加し，外部者との時間が減少するという時間の使い方の変化も認められた。

　さらに，多忙であり時間が取れないことから，自らの活動を振り返り内省する時間がほとんどとれていない状況も，変化することなく継続していた。

　管理職の中でも低位であるライン管理職に注目すると，出張の少なさや，仕事の断片化が高い水準で変化することなく継続している中で，仕事内容には変化が認められ，管理や計画，モニタリング業務をより担うようになってきていることが確認された。

　ライン管理職の役割の変化については，Hales（2005）もライン管理職を「非管理職が報告する管理職」と定義した上で，業務の監督から「チームリーダー，コーディネーター」もしくは「ビジネスユニットマネージャー」へと変化し，その責任が急速に高まっていると指摘している。

②　管理職の役割遂行に起因するダイバーシティ・マネジメントの困難

　このように，管理職の役割の多くは，時代を超えて比較的一定した性質を持つ一方で，部下とのコミュニケーションの性質が対話型へと変化するといった変化が認められた。ライン管理職に関しては，業務の監督からリーダーやコーディネーターへと役割が変化し，責任も高まっていた。すなわち，ライン管理職は，多くの責任を担いつつ，断片的な仕事を数多く行い，多忙でまとまった時間が取れず，より上位の管理職との接触も十分でない中で，自分自身の行動を振り返るような内省の時間やきっかけを持つこともないまま，部下との対話的なコミュニケーションにより多くの時間を割くようになっているのである。このような状況の中で，さらに多様な部下をマネジメントするというダイバーシティ・マネジメントへの関与が求められているのである。

　これらの点を踏まえた上で，管理職の役割遂行上の要因によって生じる，管理職がダイバーシティ・マネジメントを効果的に行えない理由を指摘してみよ

う。まず，管理行動の多忙さが，ダイバーシティ・マネジメントの効果的な実行を難しくしていると考えることができる。多様な部下と対話的なコミュニケーションを行うことは，同質な部下への命令や統制といった一方通行のコミュニケーションよりも，各段に多くの時間を必要とすることから，多忙な管理職にとっては負担感の大きい仕事となる。管理職の時間のなさと，ダイバーシティ・マネジメントが管理職に求める，より多くの時間を必要とする部下とのコミュニケーションが対立するのである。

　次に，管理職が自らの行動を振り返るといった内省の機会の欠如に起因する，部下への行動の修正機会の欠如である。管理職の中には，部下の性別によらず公平な対応をできる管理職もいるが，前節で紹介した調査結果にあるように，自分で気づかないうちに，もしくは自分としては正しい判断として，部下の属性間で公平性に欠く対応を取る管理職もいる。内省機会の欠如は，後者に該当する管理職の行動変容を難しくすることから，もともと公平な対応を取れる管理職と，取れない管理職との差といった，管理職間でのダイバーシティ・マネジメントの実行の適切さにおける違いを固定的なものとするリスクがある。

3　人事施策を運用することの難しさ

⑴　人事施策の運用への管理職の関与

　人的資源管理がパフォーマンスに対して影響を与えるメカニズムを検討する一連の研究では，人的資源管理の運用段階の重要性が繰り返し指摘されている。本節では，人的資源管理の運用段階に関するいくつかの研究の流れを整理した上で，人事施策の運用に管理職がどのように関与するのかを概観し，管理職が人事施策を効果的に運用することが難しい理由を指摘する。

　なお，以下では特に注釈がない場合には，「はじめに」で述べたように管理職とはライン管理職（line manager）を示すこととする。管理職を対象とする先行研究では，一般的に，管理職をトップ管理職（top manager），ミドル管理職（middle manager），ライン管理職（line manager）という3区分で表現

することが多い。

　トップ管理職は，組織の最終的な目的を確立したり，目的を達成するための
ポリシーを作成したりすることに責任を負い，ミドル管理職は，階層的にトッ
プ管理職の下に位置づけられ，他の管理職の監督責任を負う。一方，ライン管
理職は，組織のマネジメント階層の中では，最も下位に位置づけられ，業務を
担当する従業員の監督を行う。人事施策の運用という観点からは，ライン管理
職が担う役割が最も大きくなることから，以下ではライン管理職を対象として
人的資源管理の運用段階について言及した先行研究を参照し，人的資源管理と
ライン管理職との関連を確認する。

⑵　人事施策の運用に対する２つの視点：人事部門の有効性と権限委譲

　人事施策の運用に関する研究の中心的な問いは，「なぜ，効果的な人事施策
の運用がなされないのか」というものであり，その問いに関する研究の流れは，
人事部門の有効性（HR effectiveness）と権限委譲という２つの流れに分類す
ることができる。前者は，効果的な運用がなされない原因を人事部門の立場や
役割に求めるものであり，そこでは主として人事部門が有効に機能しているか
を検討する（Chang, 2005；Kane, Crawford and Grant, 1999；Mitsuhashi,
Park, Wright and Chua, 2000；Wright, McMahan, Snell and Gerhart, 2001）。
この流れに位置づけられる研究は，人事部門にとってのさまざまなステークホ
ルダーに対して，人事部門が行う人事管理の有効性を問う形で行われる。その
際，管理職はステークホルダーの一部とみなされる。

　一方，後者の権限移譲の流れにある研究では，運用の阻害要因について，人
事部門だけでなく，管理職や組合，従業員の視点から明らかにすることを試み
る（Brewster and Larsen, 2000；Cunningham and Hyman, 1999；Hall and
Torrington, 1998；Harris, Doughty and Kirk, 2002；Whittaker and
Marchington, 2003）。

　人事部門の有効性という流れにある研究では，管理職はステークホルダーと
して捉えられているため，管理職が持つ人事施策の運用の担い手という役割を
十分に捉えているとは言えない。そこで，以下では権限移譲の立場に基づいて

人事施策の運用上の課題を検討している研究を参照し，人事施策の運用と管理職の関係性を見ていく。

(3)　人事施策の運用と管理職

　Guest and Bos-Nehles（2013）は人事施策の運用段階を4つの段階に分けて整理した（図表4-4）。第1段階は，人事施策の導入や大規模な変更に関する意思決定を行う段階である。第2段階は，人事施策として何をするか，求める目的に向けてどう効果を担保するかを検討し，形作る段階である。この2つの段階は主として人事部門によって担われることが多い。第3段階は，管理職による人事施策の運用段階である。第4段階は，管理職によって運用された人事施策の効果の検討段階である。後半の2つの段階で，管理職が中心的な役割を担う。第3段階は，人事施策の運用にどう関わるかという管理職の意思決定に関する段階であり，第4段階は，管理職が人事施策の運用に関与すると決めた上で，実際に運用する段階である。同一の人事施策であっても，管理職の実行の仕方で人事施策の質は大きく異なる。

　各段階の有効性は，それ以前の段階の有効性から影響を受ける。管理職が運用の主たる担い手となる第3段階・第4段階で，期待される効果が得られない場合，その原因は管理職にあるとみなされることが多いが，実はそれ以前の第1段階・第2段階での問題に，原因がある可能性も否定できない。このことは人事施策の運用における管理職の重要性を損なうものではないが，人事施策の運用においてしばしば管理職の問題と捉えられているものの中に，じつは管理職に起因しない問題までが含まれることを示唆するものである。

　一方で，第3段階・第4段階では，管理職が問題を生むことになる。管理職は，第3段階から運用の中核的な責任を担うことになるが，その際，管理職は人事施策に対する自らの評価に基づいて，その人事施策が本来持っていた意図とは異なり，管理職自身が思うように運用してしまう可能性や，人事施策に含まれる価値観を，自分自身や部門の優先順位や価値観に合うように変更してしまう可能性がある（Guest and Bos-Nehles, 2013）。

　また，第4段階では管理職による運用の質が問題となる。たとえば，管理職

図表4-4 人事施策の運用モデル

段階	運用の主要な担い手	主要な評価者
第1段階 人事施策導入の決断	人事部門 CEOやトップ管理職	トップ管理職 外部団体
第2段階 人事施策の質	人事部門	トップ管理職 人事部門 管理職
第3段階 人事施策の運用	管理職	トップ管理職 人事部門 管理職 従業員
第4段階 運用の質	管理職	トップ管理職 人事部門 管理職 従業員

運用に影響する内的要因	運用に影響する外的要因
競争戦略ならびに人事戦略 人事システムの強さ リーダーシップと人材の中心	外部のステークホルダー ・政府や政府関連機関 ・立法機関やコンプライアンス機関 ・顧客や潜在的新入社員 ・ステークホルダー 市場の状況 市場の文脈（例：海外中心）

出所：Guest and Bos-Nehles（2013）を一部改変

が多忙であるとかその施策の必要性を実は感じていないという理由で，適切に運用しないことがある。その結果，もっと高い効果を発揮できうる人事施策であるにもかかわらず，期待された効果が得られないといった事態が生じる。

⑷ 管理職が効果的に人事施策を運用できない理由

　管理職による人事施策の運用に関する先行研究は，管理職が運用に肯定的な態度を示し，適切な役割を果たしていること，多くの管理職は，自らの役割として人事施策運用上の責任を果たすことの重要性を認識していることを明らかにしている。たとえば，Currie and Procter（2001）は，管理職は，戦略的な

変化を推進する上で重要な役割を果たすことを明らかにしている。また，Wright et al.（2001）は，多くの場合，管理職は従業員を引きつけ，選抜し，引き留め，モチベーションを上げることは，企業の成功にとって重要であると信じていると述べている。このように管理職は，効果的な人事管理は企業の競争優位につながるとも信じている。さらにRenwick（2003）は，管理職は人事管理上の責任を担うことを望んでいることを明らかにした。

　しかしながら，多くの研究では，管理職は，人事施策の運用を担う責任があるとみなされているものの，管理職は期待されている水準の運用をしていないことを指摘している。その理由として，管理職が人事施策の運用を担うことに消極的であるという管理職の態度に焦点を当てた議論がなされることが多いが，一方でなんらかの制約条件があることで，管理職が人事施策を運用する際の責任を全うすることができない，もしくは期待される運用を行うことができないと　いう主張も存在する（Cunningham and Hyman, 1999；Holt Larsen and Brewster, 2003；Whittker and Marchington, 2003）。

　Guest and Bos-Nehles（2013）は，管理職が人事施策を効果的に運用できない要因として以下の5つを指摘している。

① 管理職は，人事施策の責任を担いたいという願望を持っていない。管理職にとって，人材に関する事項よりも事業に関する事項のほうが優先順位が高いことから，人事施策の運用に対する意欲に欠ける。

② 管理職には，事業に関する事項と人事に関する責任の双方に時間を費やす余裕がない。事業運営に関わる要求は過重で増え続ける一方であることが，管理職から人事に関する事項に関わる時間を搾取する。

③ 管理職は，人事管理に関わる知識や人事管理に必要なスキルを十分に有しているわけではない。

④ 管理職は，人事部門からの人事管理に必要な支援やアドバイスを必要としながらも，いつも得ることができているわけではない。管理職は，具体的な事象に関するアドバイス，ならびに人事管理に関わるさまざまな活動の進め方についてのコーチングを必要としているが，人事部門は管理職が求めるものを必ずしもいつも提供できているわけではない。それは，人事部

門が人事管理の責任を担うことを放棄したくないと考えていること，さらには管理職をサポートするという役割を担いたくないことにも起因する。

⑤　管理職は，自分たちが担う人事管理上の責任，ならびに人事管理上の責任が自分にどのように適用されるのか，といったことに関する明確なポリシーと手続きを求めている。人事部門は，管理職が部下を一貫性のない方法で管理することを恐れる傾向にあり，管理職が人事施策を解釈したり，調整したり，微調整したりして，個々の状況に応じて実行することを防ごうとする。

　これらの指摘は，管理職は人事施策の運用段階で大きな役割を果たすことを通じてパフォーマンスに影響を与える存在であることを示すと同時に，そもそも管理職が，人事施策の運用を担うか否かについての意思決定，さらには運用を担うとする意思決定をした上でもさまざまな制約条件の存在により，効果的な運用ができる程度に管理職間でばらつきが生じることを示すものである。結果として，管理職の運用を通じて従業員に届く，すなわち部下である従業員が認識する人事施策は，人事部が意図した人事施策とは異なるだけでなく，同一の企業内でも部門間で異なる人事施策が届けられることになり，期待された効果が得られないといった事態が生じる。

　上記の5点は，ダイバーシティ・マネジメントに限らず，人事施策の効果的運用を管理職に求める際に留意すべきポイントであると同時に，管理職がダイバーシティ・マネジメント施策を効果的に運用できていないという場合，その理由を検討する上での着眼点を提供する。

4　ダイバーシティ・マネジメント固有の難しさ

⑴　ダイバーシティ・マネジメントだからこその難しさ

　職場のダイバーシティが，個人・職場双方に望ましい効果をもたらすために人的資源管理に求められることは，①職場の複数の階層において，多様な人材をこれまで以上に増やすこと，特にこれまで排他されることの多かった属性の

人材の数を増やすこと，②これまで排他されることの多かった属性を持つ人材に，組織における意思決定に十分に関与させると同時に権限を与えること，③組織のすべての側面において多様な人材を確実に包摂すること（Kosek, and Lobel,1996），という3点に関わる人事施策を導入・運用することである。

　管理職がダイバーシティ・マネジメントに関連する人事施策を運用する上での困難には以下の(2)～(6)がある。

(2)　ダイバーシティ・マネジメントが職場にもたらす効果の予測しにくさ

　ダイバーシティ・マネジメントはさまざまな人事施策の中でも，「なぜ導入・運用するのか」という点に対する管理職の納得感を得ることが難しい施策である。第2章で指摘したように，職場のダイバーシティがパフォーマンス向上につながるかどうかは，適切な人事施策が適切に運用されるか否かによって決まるものであり，ダイバーシティが高まれば，もしくはダイバーシティ・マネジメントを実行すれは必ず成果があがるというシンプルな関係にはない。

　第2章で見てきたように，職場のメンバーの多様性が高いことは，コンフリクトの発生といったマイナスの影響をもたらすことがある。したがって，多忙かつ業績責任を負う管理職は，部下の多様性に対して否定的な見解を持つ可能性や，成果が予測しにくいダイバーシティ・マネジメントに対し，「なぜ運用上の責任を負わなければならないのか」という疑問を持ちやすく，結果として，どこまで積極的に運用に関与するかという意思決定や，意思決定した後も，実際の運用の質にばらつきがでる。

(3)　ダイバーシティ・マネジメントに取り組む理由が複数あることによる混乱

　第3章でYang and Konrad（2011）を引用して説明したように，企業がダイバーシティ・マネジメントに取り組む理由には，取り組むことが組織としての正当性を確保するために必要だから（制度理論）という理由と，取り組むことで成果がもたらされるから（資源ベース理論）という理由の2つがある。たとえば，現在多くの企業が女性従業員を対象とするダイバーシティ・マネジメ

ントに取り組む背景には，2016年に施行された女性活躍推進法の存在がある。
すなわち，女性従業員を対象としたダイバーシティ・マネジメントには，法律
対応という側面が存在する。一方で，女性従業員を多様な資源の１つとして捉
え，その多様性を活用することを通じて，成果につなげていこうという側面も
存在する。

　実際には，多くの企業で２つの目的をともに達成すべく，ダイバーシティ・
マネジメントに取り組んでいるが，このことが，管理職の自社のダイバーシ
ティ・マネジメントのゴールに対する理解へのばらつきをもたらす。女性を例
とすると，ダイバーシティ・マネジメントが女性活躍推進法への対応を目的と
するならば，女性従業員のさらなる活用につながるような行動計画の策定，育
児休業取得率や女性管理職比率といくつかの基準における数値目標の達成，す
なわちどこ（部署やポジション）にどの程度といった，企業における総体とし
ての女性の就業状況の改善がゴールとなる。一方で，多様な人的資源の活用を
目的とするならば，女性従業員自身の成果や，女性従業員を含む多様なメン
バーの成果の向上といった，女性従業員自身と多様な職場が成し遂げたことが
ゴールとなる。これらのゴールのずれは，管理職がダイバーシティ・マネジメ
ントの運用に，どの程度積極的に関与するか，どのような行動を取るのかとい
う判断に影響し，結果として管理職間での行動のばらつきや，ダイバーシ
ティ・マネジメントの運用が適切に進まないという結果をもたらす一因となる。

⑷　ダイバーシティ・マネジメントのアプローチの多様性がもたらす混乱

　ダイバーシティ・マネジメントは，取組みの総称であり，実際にはさまざま
な人事施策や取組みの束（bundle）で構成される。ダイバーシティ・マネジ
メントは，人事施策の特徴によって２つのタイプに分類することができる。１
つが，特定のターゲットに向けた取組みである。このアプローチは，従業員の
属性を意識したアイデンティティ・コンシャス（identity-conscious）・アプ
ローチといわれ，職場でマジョリティーとなる従業員群と比較した際に，それ
とは異なる特定の従業員群が，より直面しやすい課題への対処を通じて，特定
の従業員群の状況の向上を目的とした取組みを指すものである（Konrad and

Linnehan, 1995）。このアプローチの背景には，人の意思決定にバイアスはつきものであり，性別や人種といった属性によるバイアスが生じていることを多くの先行研究が指摘している以上，バイアスによる不利益を被る集団に対する追加的な対応が必要だという考えがある。

　もう1つが，属性間で差別がなく公平に扱われることに重きを置くアイデンティティ・ブラインド（identity-blinded）・アプローチである。特定の属性に固有の昇進や就業継続における障壁を特定し，取り除こうとするアプローチのことである（Konrad and Linnehan, 1995）。たとえば，性別間での配属や異動等における違いをなくすことや，育児や介護と仕事との両立を可能にする両立支援策が該当する。別の取組みとしては，性別を対象としたダイバーシティ・マネジメントの一環として，昇進可能性のある女性従業員数を把握し，男性従業員と比べて差異がないか管理する，管理職を対象とした性別に対するアンコンシャスバイアス（無意識にひそむバイアス）についての研修を実施するといったことも該当する。

　ダイバーシティ・マネジメントでは，この2つのアプローチが同時に用いられることが多い。女性活躍推進を例にすると，男性・女性という性別によって，育成機会に違いがあることを背景として，配属や異動における性別での違いをなくす取組み（アイデンティティ・ブラインド・アプローチ）と，昇進の可能性の高い女性を対象とした育成研修の実施（アイデンティティ・コンシャス・アプローチ）は，同時に実施されることが少なくない。このことは，女性活躍という同一の目標に対して，異なるアプローチが併存しうることを意味すると同時に，ダイバーシティ・マネジメントにおける一貫性の維持の難しさを意味する。

　戦略的人的資源管理では，人事施策の内的整合性（internal fit）を重視する。ここでいう整合性とは，「ある構成要素に対する必要性やその目標が，他の構成要素のそれらと一致している」状態を指す（Nadler and Tushman, 1980）。内的整合性の中に，人事施策の束（human resource bundles）という考え方がある。これは，個々の人事施策が最適に組み合わされた束となっているならば，それは単純に個々の施策の合算による成果をもたらすのではなく，施策間

のシナジー効果により，積算的に高いレベルでの効果をもたらすと考えるものである。

　前述したように，女性を対象としたダイバーシティ・マネジメントの取組みの中には，アイデンティティ・コンシャス・アプローチとアイデンティティ・ブラインド・アプローチが併存することから，ダイバーシティ・マネジメントには，束としての効果を発揮しにくい特徴があると言える。管理職の視点で整理するならば，女性部下への対応において，①女性であることを理由として特別に追加の対応を行う，②部下の性別によらず公平な対応を行う，という異なる2つ基準を状況と照らし合わせ，その都度判断し行動する，という高度な行動が求められることになる。このような一貫性の欠如ならびに曖昧さは，管理職がダイバーシティ・マネジメントの運用を適切に行うことを難しくする。

⑸　ダイバーシティ・マネジメントの運用上求められる行動セットの幅広さと一貫性の低さ

　同じアイデンティティ・ブラインド・アプローチに基づくダイバーシティ・マネジメント施策間であっても，管理職に求められる行動には幅広さがある。たとえば，仕事と育児や介護との両立に関する両立支援策の運用場面では，施策の利用希望者の利用しやすさを高める行動，仕事と育児や介護との両立をしている従業員に対して両立を可能にするための配慮といった行動が求められる。一方，女性管理職登用に向けた育成に関わる行動としては，性別による違いがない，公平な仕事の割り当てやフィードバックが求められる。

　したがって，たとえば小さな子供を持つ女性従業員に対しては，両立しながら仕事で成果を挙げることができるようにするための配慮をしつつ，育成につながる仕事の配分，といった性質の異なる行動を同時に取ることが求められることになる。これを本章の第2節で示した管理職の仕事という観点から捉えるならば，部下とのコミュニケーションにおいて，これまで以上に部下の個々の状況に応じたコミュニケーションが求められるようになるという，コミュニケーションの個別化が生じているだけでなく，個別化したコミュニケーションの内容も，配慮と育成というように，性質の異なるメッセージを組み合わせて

発信するという，コミュニケーションの質の面で難易度が高まっていると言える。

　また，職場のメンバーの多様性がもたらすグループ間のコンフリクトのマネジメントも求められる。ここでいうグループ間のコンフリクトとは，「実際のもしくは認知された差異によって生じる，成員間の緊張関係がもたらすプロセス」として定義される（De Dreu and Weingart, 2003）。

　女性従業員を対象としたダイバーシティ・マネジメントは，男性従業員と女性従業員という性別に基づくグループ間のコンフリクトだけでなく，女性従業員の中でもフルタイム勤務と短時間勤務という就労時間によるサブグループを生み出し，グループ間でのコンフリクトへとつながる。第2章で示したように，関係志向属性に基づく職場のダイバーシティでは，グループ間で高い水準でのコンフリクトが生じることが指摘されている（e.g., Jackson, Joshi and Erhardt, 2003；van Knippenberg, De Dreu and Homan, 2004；van Knippenberg and Schippers, 2007；Williams and O'Reilly, 1998）。その中でも，性別というダイバーシティは，容易にとらえることができる表層的ダイバーシティであることから，他者を判断する材料として用いられやすく，カテゴリー化を促進し，集団間のコンフリクトを増長しやすいという特徴を持つ。

　したがって，管理職には職場レベルでのコンフリクト・マネジメントが求められるようになる。第2節で示した管理職の仕事という観点から捉えるならば，管理職には，部下との個々のコミュニケーションに加えて，メンバー間でのコンフリクトへの介入・調整というコミュニケーションが今まで以上に求められるようになるのである。このように，ダイバーシティ・マネジメントは，管理職により多くの行動を求めることも，運用の困難度の高さにつながる。

⑹　管理職の信念を反映しやすいダイバーシティ・マネジメント

　ダイバーシティ・マネジメントは，その運用場面において，管理職自身の「部下が有する属性」に対する信念（その人にとっての意味づけ）から影響を受けやすい。たとえば，日本のダイバーシティ・マネジメントの1つの主要な対象である女性に対する取組みにおいては，管理職の女性に関する信念やス

キーマ（固定観念）が反映されやすい。昨今，運用上の課題として，運用の担い手である管理職のアンコンシャスバイアスが注目されている。学問的には，アンコンシャスバイアスは，ステレオタイプやスキーマを内包する概念と捉えることができる。たとえば，性別を対象とするダイバーシティ・マネジメントに関連する信念のスキーマとして，主に以下の①②の概念が挙げられる。

①　両面価値的性差別

　女性に関わるダイバーシティ・マネジメントの運用場面において問題となるのが，両面価値的性差別（Glick and Fiske, 1996）である。一般的に性差別は，敵対的な態度の表出とみなされがちであるが，たとえば，男性は仕事，女性は家庭といった従来の伝統主義的性役割態度の概念では捉えきれない，現代社会に特有の性役割態度や信念を捉える概念として登場したのが，両面価値的性差別である。Glick and Fiske（1996）は，性差別を，非伝統的な女性に対する嫌悪的な態度である敵対的性差別（hostile sexism）と，伝統的な女性に対する「保護すべき存在」といった主観的には好意的な態度である好意的性差別（benevolent sexism）に分け，この2つを異なるタイプの性差別として区分する両面価値的性差別理論を提唱した。ここでのポイントは，一見肯定的にも見える，伝統的な性役割規範に従って性役割を担う女性に対する保護，理想化，愛着といったポジティブなバイアスが，実は偏見や差別につながる可能性があることを指摘している点である。

　敵対的性差別は，仕事を優先し，昇進を志向するといった非伝統的な女性に対して「女性は家事を担うべき存在」というステレオタイプを適用し，ステレオタイプと合致しないことに基づく敵対的な態度の表出と捉えることができる。たとえば，「女性にはこの仕事はタフすぎる」「女性に管理職は務まらない」といった態度は，「女性は家事に向いている」というステレオタイプから生じる敵対的な態度である。

　一方，好意的性差別は，伝統的な女性に対するステレオタイプの適用とそれに基づいた態度の表出に対応する。「女性は低い地位にいるから大事にしなければならない」といった態度は「男性と比較して女性は低い地位にある」とい

うステレオタイプに基づいた，主観的には好意的ではあるものの差別をする態度である。

　敵対的性差別も好意的性差別も，いずれも性差別であることに違いはないことから，管理職によるダイバーシティ・マネジメントの効果的な運用を阻害するだろう。たとえば，女性社員の管理職登用という施策に対し，「女性は能力が低いから管理職に向かない」という敵対的性差別に該当する態度をとる管理職は，効果的な運用を行わないが，「女性にそこまで無理させなくても」という好意的性差別に該当する態度をとる管理職も，同様に効果的な運用を行わないと考えられる。

　敵対的性差別は直感的にも理解しやすく，差別として認識されやすいという特徴があるのに対し，好意的性差別にはわかりにくさが伴う。好意的性差別には，パターナリズム，ジェンダー差異，異性愛重視という男性のもつ両面価値の3要素がある。

　パターナリズムとは，男性は女性よりも勢力を持つべきとする支配的温情主義であると同時に，男性が支配を正当化し，女性に勢力に関する権限や高い地位を提供しないかわりに，自分に依存する女性を保護するという保護的温情主義である。ジェンダー差異とは，男女の関係を相補的でかつ支配—被支配の関係とし，男女双方に別々の社会的役割を与えることを指す。異性愛重視とは，男女間の相補的な相互依存関係を指し，異性愛の男性は幸福や充実した人生を得るためには，女性との関係が必要であるとするものである（沼崎，2012）。

　好意的性差別のわかりにくさは，それが一見差別に見えないことにある。たとえば「女性に無理をさせてはいけない」という態度は，その受け手である女性自身も「大事にされている」と肯定的に捉える可能性が高い。したがって態度の送り手である管理職も，受け手である女性部下も好意的であり両者にとって一見よい関係性が構築されている中で，差別が生じるという二重構造となっている。

　なお，上記の例は，「男性が女性を差別する」という前提に立った議論である。これまでの女性に対する偏見やステレオタイプに関する研究は，主に男性による女性への偏見やステレオタイプ，という文脈から検討されたものがほと

118

んどであるが，ステレオタイプならびにステレオタイプに基づく性差別は男性
から女性にのみ生じるのではなく，女性から男性でも生じる。

② 仕事専念スキーマ

　ダイバーシティ・マネジメントの運用に際して，管理職の行動に対して影響
を与えるスキーマが，仕事専念スキーマ（work-devotion schema）である。
短時間勤務制度をはじめとする労働時間の柔軟性の向上は，ダイバーシティ・
マネジメントに関わる人事施策の1つであるが，仕事専念スキーマは，これら
の労働時間の削減や柔軟性に関わる人事施策の運用に影響を与える。

　仕事専念スキーマとは，育児や介護に対してエネルギーをさかず，仕事にす
べてのエネルギーを投入し，専念できることを高く評価するものであり，「仕
事を最優先し，家族のケアに時間を取られる必要がない人」を理想の従業員と
捉える思考である。仕事専念スキーマは，過酷な仕事上の要求を受容し，組織
の目標ならびに組織のアイデンティティや，自らの専門性に対して道徳的親近
感を持ち，組織の命運を自分ごとのように感じ，仕事を通じた専門的挑戦に鼓
舞されるという感覚を持つといった特徴を有する（Blair-Loy, 2003）。

　仕事専念スキーマは，仕事に非常に高い価値を置くものであり，この考えに
基づいて，職場で何が道徳的に正しく，何に対して好意的もしくは敵対的感情
を示すかということに関する規範を形作る。両立支援策，中でも短時間勤務制
度は，「仕事に専念しない時間をより多くする」ことから仕事専念スキーマと
対立し，その利用はこのスキーマにおいて道徳的に正しくなく，「感情的に面
白くない」，「従業員としていかがなものか」という反応を導くことになる。

　仕事専念スキーマがもたらす規範がフレキシビリティ・スティグマ
（flexibity stigma）へとつながる。フレキシビリティ・スティグマとは，育児・
介護など家族のケアの責任を果たす必要性により，育児休業や短時間勤務制度
を利用することで，仕事専念スキーマが示す理想的な従業員像に関する規範を
満たすことができない従業員とみなされ，否定的な評価を受けることである。
より具体的に言うならば，単に両立支援策の利用等により，勤務時間が制限さ
れることで実質的な仕事上の制限があることを超えて，「短時間勤務などの両

立支援策を利用する」という行為そのものによって，仕事に没頭していないとみなされることである。その結果，キャリアップにつながらない仕事内容が与えられたり，キャリア形成において自らを引き上げてくれるメンターやスポンサーを見つけることが難しくなるといった不利益を被ることがある。

　仕事専念スキーマを強固に有する管理職が両立支援策を運用することは，「両立支援策利用者は望ましくない従業員」といった印象を職場に植えつけるリスクにつながる。また，長時間労働が蔓延している職場で短時間勤務制度利用者が，早めに帰宅する際に肩身の狭い思いをしたりすることも，管理職さらには管理職の影響を受けた職場全体でフレキシビリティ・スティグマが生じているために発生した現象だと言える。

　このような事態が長期化すると，短時間勤務制度など両立支援策の利用は認めるが，短時間勤務制度を利用することで，キャリア形成上さまざまな不利益が生じたとしても，それは施策利用を選択した部下の自己責任であり，自分には責任がないという管理職の認識につながる可能性がある。

POINTS

◆ 管理職には，ダイバーシティ・マネジメントの効果的な実行が期待されているが難しさがあり，難しさをもたらす理由は多層的である。具体的には，①管理職の役割遂行上の課題，②ダイバーシティ・マネジメントに限定しない人的資源管理全般に共通する課題，③ダイバーシティ・マネジメントに関する人事施策固有の課題という3タイプがある。

◆ 管理職は，以前にも増して多くの責任を担い，多忙となる中で，部下との対話的なコミュニケーションに，より多くの時間を割かれるようになっている。限られた時間の中で，より多くの時間を必要とする，多様な部下のマネジメントをしなければならないという矛盾に直面している。

◆ 管理職の人事施策の効果的運用を困難にする要因には，「運用を担いたいと思わない」「運用を担う時間がない」「運用を担うコンピテンスやスキルがない」「運用に必要なサポートがない」「運用に際して求められていることがわからない」という5つがあり，これらの要因はダイバーシ

ティ・マネジメントの効果的運用をも困難にする。
◆ ダイバーシティ・マネジメント固有の難しさとしては，ダイバーシ
ティ・マネジメントとパフォーマンスとの関連の見えにくさ，ダイバー
シティ・マネジメントに関する人事施策が複数のアプローチに基づく
ことでの一貫性の低さ，管理職に求める行動の広がり，好意的性差別
に代表される両面的性差別や仕事専念スキーマといった管理職の価値
観の反映されやすさがある。

| 参考文献

沼崎誠（2012）ジェンダー・ステレオタイプと性役割的偏見の再生産に関わる社会的認知研
　究　平成19年度～平成 21 年度科学研究費補助金（基盤研究(C)）研究成果報告書.
ワーク・ライフ・バランス&多様性推進・研究プロジェクト（2018）「提言　女性部下の育成
　を担う管理職に関して企業に求められる対応」付属資料.
Blair-Loy, M. (2003) Competing Devotions:Career and Family among Women Executives.
　Harvard University Press, Cambridge, MA.
Brewster, C. & Larsen, H.H. (2000) Human Resource Management in Northern Europe:
　Trends, Dilemmas and Strategy. Blackwell Publishing Ltd
Chang, E. M. (2005). Employees' overall perception of HRM effectiveness. *Human
　Relations, 58*(4), 523-544.
Cunningham, I, & Hyman, J. (1999). Devolving human resource responsibilities to the line:
　Beginning of the end or a new beginning for personnel? *Personnel Review,* 28 (1-2),
　9-27.
Currie, G., & Procter, S. (2001). Exploring the relationship between HR and middle
　managers. *Human Resource Management Journal, 11,* 53-69.
De Dreu, C. K. W., & Weingart, L. R. (2003). Task versus relationship conflict, team
　performance, and team member satisfaction: A meta-analysis. *Journal of Applied
　Psychology,* 88(4), 741-749.
Glick, P., & Fiske, S. T. (1996). The Ambivalent Sexism Inventory: Differentiating hostile
　and benevolent sexism. *Journal of Personality and Social Psychology,* 70(3), 491-512.
Guest, D., & Bos-Nehles, A. (2013). HRM and performance: The role of effective
　implementation. In D. E. Guest, J. Paauwe, & P. M. Wright (Eds.), *HRM and
　Performance: Achievements and Challenges* (5 ed., pp. 79-96). Chichester, Sussex: John
　Wiley & Sons.
Hales, C. P. (1986). What do managers do-a critical-review of the evidence. *Journal of
　Management Studies, 23*(1), 88-115.
Hales, C. P. (1999). Why do Managers Do What They Do? Reconciling Evidence and

Theory in Accounts of Managerial Work. *British journal of management, 10*(4), 335-350.

Hales, C. P. (2005). Rooted in supervision, branching into management: Continuity and change in the role of first-line manager. *Journal of Management Studies, 42*(3), 471-506.

Harris, L., Doughty, D., & Kirk, S. (2002). "The devolution of HR responsibilities – perspectives from the UK's public sector", *Journal of European Industrial Training,* 26 (5), 218-229.

Hambrick, D. C., & Mason, P. A. (1984). Upper echelons - The organization as a reflection of its top managers. *Academy of Management Review, 9*(2), 193-206. Retrieved from ⟨Go to ISI⟩://WOS:A1984SL09300001. doi:10.2307/258434

Holt Larsen, H., & Brewster, C. (2003). Line management responsibility for HRM: what is happening in Europe? *Employee Relations, 25*(3), 228-244.

Jackson, S.E., Joshi, A., & Erhardt, N.L. (2003) Recent Research on Team and Organizational Diversity: SWOT Analysis and Implications. *Journal of Management,* 29, 801-830.

Kane, B., Crawford, J., & Grant, D. (1999). Barriers to effective HRM. *International Journal of Manpower, 20*(8), 494-516.

Konrad, A. M., & Linnehan, F. (1995). Formalized HRM structures: Coordinating equal employment opportunity or concealing organizational practices? *Academy of Management loumal, 38*(3), 7B7-820.

Korica, M., Nicolini, D., & Johnson, B. (2017). In Search of 'Managerial Work': Past, Present and Future of an Analytical Category. *International Journal of Management Reviews, 19*(2), 151-174.

Kossek, E., & Lobel, S. A. (Eds.). (1996) Managing Diversity: Human Resource Strategies for Transforming the Workplace. Cambridge, MA: Blackwell.

McConville, T. (2006). Devolved HRM responsibilities, middle-managers and role dissonance. *Personnel Review, 35,* 637-653.

Mintzberg, H. (1973). The Nature of Managerial Work. New York: Harper & Row. (奥村哲史，須貝栄（訳）(1993).マネジャーの仕事　白桃書房)

Mitsuhashi, H., Park, H. J., Wright, P. M., & Chua, R. S. (2000). Line and HR executives' perceptions of HR effectiveness in firms in the People's Republic of China. *International Journal of Human Resource Management, 11*(2), 197-216.

Nadler, D. A., & Tushman, M. L. (1980). A model for diagnosing organizational-behavior. *Organizational Dynamics, 9*(2), 35-51.

Renwick, D. (2003). Line manager involvement in HRM: an inside view. *Employee Relations, 25*(3), 262-280.

van Knippenberg, D., De Dreu, C. K. W., & Homan, A. C. (2004). Work Group Diversity and Group Performance: An Integrative Model and Research Agenda. *Journal of Applied Psychology,* 89(6), 1008-1022.

van Knippenberg, D., & Schippers, M. C. (2007). Work group diversity. *Annual Review of Psychology,* 58, 515-541.

Whittaker, S., & Marchington, M. (2003). Devolving HR responsibility to the line. *Employee Relations, 25*(3), 245-261.

Williams, K. Y., & O'Reilly, C. A. (1998). Demography and diversity in organizations: A review of 40 years of research. In B. M. Staw and L. L. Cummings (Eds.), *Research in Organizational Behavior,* 20, 1998: An Annual Series of Analytical Essays and Critical Reviews (20, 77-140).

Wright, P. M., McMahan, G. C., Snell, S. A., & Gerhart, B. (2001). Comparing line and HR executives' perceptions of HR effectiveness: Services, roles, and contributions. *Human Resource Management, 40*(2), 111-123.

Yang, Y., & Konrad, A. M. (2011). Understanding Diversity Management Practices: Implications of Institutional Theory and Resource-Based Theory. *Group & Organization Management,* 36(1), 6-38.

第 **5** 章

部下のワーク・ライフ・バランスを
支援する管理職

ダイバーシティ・マネジメントの一環である，従業員のワーク・ライフ・バランスを実現する上で，管理職は大きな役割を果たす。本章では，まず企業がワーク・ライフ・バランス施策を推進し，従業員のワーク・ライフ・バランスを実現することを通じて期待される効果を整理する。

次に，企業によるワーク・ライフ・バランス施策が，従業員ならびに組織に対する効果へとつながる過程で，管理職が果たす重要な役割として，構造的サポート・文化的サポート双方の提供と，ワーク・ライフ・バランス支援がもたらす課題の1つである不公平感を是正という2つを紹介する。さらに，部下のワーク・ライフ・バランス実現に向けた支援として管理職に求められる行動として，代表的な概念であるFamily Supportive Supervisor Behaviors（FSSB）を中心にいくつかの行動を紹介した上で，管理職からそれらの行動を引き出す先行要因を整理する。

最後に，ワーク・ライフ・バランス施策の利用を通じて，直面することがあるキャリア形成上の課題について，特に短時間勤務のように労働時間を削減する働き方をする部下に対する管理職の関わり方，さらにはそれらを規定する要因を整理する。

1 職場におけるワーク・ライフ・バランス支援とその効果

⑴ ワーク・ライフ・バランスの定義と日本の現状

ワーク・ライフ・バランス（Work Life Balance：以下，WLB）の学術的な

定義に関する議論はいまだ続いているが，一般的に日本語では「仕事と仕事以外の生活の調和」と訳されることが多い。本節では，日本におけるWLBの展開を概観した上で，WLBを推進する意義を確認する。

　日本では，WLBという言葉に先がけてファミリー・フレンドリー（family-friendly）という言葉が広く浸透した。ここでいうファミリー・フレンドリーとは，女性の就業者の増加を背景に，家族に関わる責任（育児や介護）を担いながら働く従業員（主として女性）の，就業継続を可能にする人事制度や職場環境の提供に重きをおくものであった。たとえば，育児・介護休業制度や短時間勤務制度などがファミリー・フレンドリーの代表的な人事施策である。

　ファミリー・フレンドリーという言葉が浸透する過程で，新たに出てきたのがWLBである。平成19年度男女共同参画白書では，WLBを，「男女がともに，人生の各段階において，仕事，家庭生活，地域生活，個人の自己啓発など，さまざまな活動について，自らの希望に沿った形で，バランスを取りながら展開できる状態のこと」と定義している（内閣府, 2007）。

　この定義を踏まえ，WLBという概念の特徴として，以下の2点を指摘することができる。第1に，WLBの「ライフ」に該当するのは，育児や介護といった家庭生活だけでなく，余暇など幅広い生活領域全般である。したがって，WLBは，仕事と広く生活全般についてバランスを取ることを意味する。WLBという概念の導入により，育児や介護という限定的な領域だけでなく，ライフに該当する部分が従来より拡大されたことで，恒常的な長時間労働や転居転勤といった働き方など，それまで以上に幅広い現象を両立の対象として検討することが可能になった。しかしながら現在でも，WLBは仕事と育児や介護との両立を意味すると受け取られることも多く，WLBがすべての働く人々にとって重要なものであることを，今一度確認することが望まれる。

　第2に，WLBとは，個人が「仕事ならびに仕事以外の責任を果たすことを可能にすべく，いつ，どこで，どのように働くのかについて十分な権限と自律性を持っていること」（Visser and Williams, 2006, p. 14）であり，本来は個人の状態について言及する概念である。すなわち，本章のトピックである管理職による部下のWLBの支援についても，目指すべきゴールは，部下が前述した

権限と自律性を持っている状態を管理職が作り出すことである。しかしながら，現時点での研究の多くは，従業員のWLBを支援すべく企業が実施すべきことは何か，という問いに基づくものにとどまっている。このことは，企業はWLBを支援する取組みを導入しているものの，従業員は必ずしも十分な権限と自律性を持っていない，という状態が生じうることを意味することから，この点について留意が必要である。

　従業員のWLBを実現するための人的資源管理には，いわゆる育児・介護と仕事との両立といったファミリー・フレンドリーに関わる人事施策，長時間労働の抑制といった労働時間や，働く場所，非正規雇用の活用のあり方，さらには就業促進といった多岐にわたる問題への対処に関わる人事施策が含まれる。

　同時に，WLBには，問題への対処を超えて，その土台にあたる部分のありようを変えるという側面もある。たとえば，WLBが対象とする労働時間の問題の1つに労働時間のフレキシビリティがある。1990年代の労働時間のフレキシビリティは，雇用者がその時のビジネス上の状況に応じて，労働者の働く時間を調整するというビジネス・フレンドリー（business friendlyもしくはemployer friendly）なものであり，雇用者フレンドリー（employee unfriendly）ではなかった。一方，WLBが実現する労働時間のフレキシビリティは，雇用者が自分の状況に応じて労働時間を調整できるという，雇用者フレンドリーなものである。

　日本のWLBの現状を確認しておこう。内閣府男女共同参画局（2014）では，希望するWLBと現実のWLBの一致度を1日の労働時間別に示した（図表5-1）[1]。それによれば，WLBの希望と現実が合致していると回答する割合は1日の労働時間が10時間未満の者で41.8%，10時間以上の者で29.4%であった。これらの結果から，半数以上の回答者がWLBの希望と現実が合致していないこと，また労働時間が長くなるほど，合致しないと回答する割合が高くなっていることがわかる。

図表5-1　１日の労働時間別ワーク・ライフ・バランスの希望と現実の合致状況

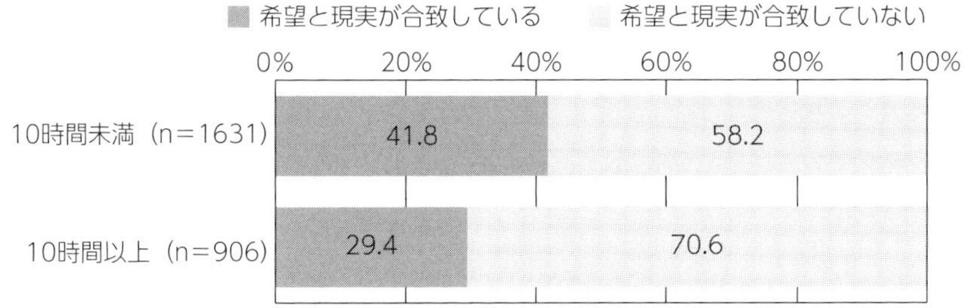

出所：内閣府男女共同参画局（2014）

⑵　ワーク・ライフ・バランスの推進に期待される個人レベルでの効果

　企業が従業員のWLBを推進することで期待される効果を，従業員個人レベルでの期待と組織レベルでの期待という２つの水準で整理する。

　まず個人レベルで期待される効果を見ていこう。WLBを仕事と育児や介護といった家族的責任の両立と捉え，WLBの欠如がもたらす問題を指摘する際に，最も中核的に用いられてきた概念が，ワーク・ファミリー・コンフリクト（work family conflict：以下，WFC）である。個人が社会生活を送る上で担う役割に注目する役割理論を土台として概念化されたWFCは，「ある領域（仕事もしくは家庭）で求められる役割が，別の領域で求められる役割と矛盾する際に発生する役割間の葛藤」と定義される（Greenhaus & Beutell, 1985）。WFCで取り上げるコンフリクトには３つの形態がある。

　第１に「時間に基づく葛藤（time-based conflict）」である。これは，一方の役割を遂行することによる時間的な圧力によって，他方の役割を遂行することが不可能になることによるコンフリクト，また一方の役割を遂行する際に，他方の役割に気を取られることによるコンフリクトのことである。第２に，「ストレインに基づく葛藤（strain-based conflict）」である。これは，一方の役割遂行によって生じた疲れや緊張感，抑うつが，他方の役割遂行に影響を与えることで生じるコンフリクトである。第３に，「行動に基づく葛藤（behavior-based conflict）」である。これは，一方の役割における行動スタイルが，他方

の役割で期待される行動スタイルとは矛盾するときに生じる葛藤である。

　WFCは，この形態による分類に加えて，影響を与える方向性によっても2種類に分類することができる。すなわち，仕事領域での責任が家庭領域での達成を妨げる際に生じるコンフリクト（仕事→家庭コンフリクト：work interference with family：WIF）と，家庭領域での責任が仕事領域での達成を妨げる際に生じるコンフリクト（家庭→仕事コンフリクト：family interference with work：FIW）である。したがって，WFCは形態と方向性によって6種類に分類することができる。

　先行研究は，WFCがさまざまな変数と関連することを明らかにしている。たとえば，WFCは仕事満足感や結婚満足感・家庭満足感などを低下させ，心身の症状や抑うつ，アルコール依存，バーンアウト，職業関連ストレス，家庭関連ストレスを増大させる。このようにWFCは，従業員のパフォーマンスや生活満足度を低下させると同時に，不安や抑うつなどの健康上のリスクを高めることが知られている。

　従業員のWLBを維持・向上することは，WFCを軽減させることを通じて，WFCがもたらすマイナスの影響を抑制することになる。WFC以外にも，個人レベルでのWLBの効果として，さまざまな変数との関連が検討されている。たとえば，多くの先行研究が，WLBが保たれていると認識する従業員は，生活満足度が高く，身体的・精神的健康度が高いことを示している（Brough et al., 2014；Carlson, Grzywacz and Zivnuska, 2009；Ferguson et al. 2012；Haar, 2013；Lunau et al. 2014）。

⑶　ワーク・ライフ・バランスの推進に期待される組織レベルでの効果

　次に，組織レベルで期待されるWLBの効果である。先行研究は，WLBがさまざまなパスを通じて，組織のパフォーマンスに影響を与えることを明らかにしている。それらを概観した上で，Beauregard, T. A. and L. C. Henry（2009）は，WLB施策が組織のパフォーマンス向上につながるメカニズムの統合的なモデルを提示した（図表5-2）。たとえば，その利用の有無にかかわらず，WLB施策が社内にあることが，従業員に組織からサポートされていると認知

128

させ，個々の従業員のパフォーマンスの向上や，従業員から望ましい行動を引き出すことを通じて，組織レベルでのパフォーマンスを高める。また，WLB施策利用を通じて，WFCを含む仕事と仕事以外の役割との葛藤を意味するワーク・ライフ・コンフリクトが低減することにより，組織のパフォーマンスが向上する。さらに，テレワークの利用により従業員の労働時間が長くなったり，裁量度の拡大や，仕事に対して今まで以上の努力量を投入するようになったりすることを通じて，生産性が向上する。

　加えて，従業員が，病気休暇や社内保育所といったWLB施策を，低賃金を補う福利厚生とみなし許容することで，従業員に支払う賃金が抑えられる。また，株主が，WLB施策を導入する企業に対して，積極的に投資をすることを通じても効果がもたらされる。WLB施策は今いる従業員の離職を抑制するだけでなく，採用候補者に対しても，従業員をサポートする企業という組織イメージを提示することで，より良い採用を可能にするという効果もある。

　このようにWLBは，さまざまなメカニズムを通じて組織のパフォーマンスに貢献するのである。WLBは，組織レベルでもさまざまな貢献をもたらすことが実証研究でも確認されている。しかしながら，個人レベルでの効果と比較すると，組織レベルでの効果については，WLBとアウトカム変数との関連は

図表5-2 ｜ WLBと組織のパフォーマンスとの関係性

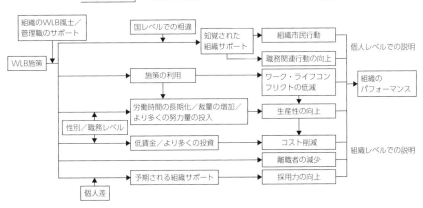

出所：Beauregard, T. A. and L. C. Henry（2009）

必ずしも一貫したものではないことも，繰り返し指摘されている。

⑷　ダイバーシティ・マネジメントとしてのワーク・ライフ・バランス

　WLBは，男性と比べて育児や介護といった家族的責任を負うことが多い女性の就業継続を可能にする両立支援策を内包する概念であり，ダイバーシティ・マネジメントの一翼を担う。両立支援策は，性別ごとで就業継続の程度に差がないようにする，すなわち性別による差を縮小することに重きを置くアイデンティティ・ブラインド・アプローチに準拠する。

　両立支援策に代表されるWLB施策を推進することには，ダイバーシティ・マネジメント施策固有の困難がある。たとえば，両立支援策の1つである短時間勤務制度は，従業員の中にフルタイム勤務と短時間勤務という，勤務時間の違いによる2つのサブグループを新たに形成することになる。男性と女性という性別によるサブグループ間の不公平を是正する人事施策が，勤務時間による新たなサブグループを生み出し，グループ間のコンフリクトを生み出すリスクをもたらすのである。

　もちろん，企業はこの問題に対し，WLB施策を拡大もしくは変容させることを通じて，グループ間のコンフリクトの軽減を図っている。たとえば，企業としてのWLB施策の対象を，いわゆる育児や介護といった家族的責任を負う従業員だけとするものではなく，従業員全体を対象とするといった対象の拡大が，これにあたる。長時間労働の抑制を目的とする働き方改革も，広く捉えればWLB施策の対象の拡大の中に位置づけられる。また，フルタイム勤務者と短時間勤務者との間の給与水準に差をつけるといった適切な差異の設定も，公平性の維持の観点からサブグループ間のコンフリクト軽減につながる。それでもなお，WLB施策の運用レベルで，管理職にはコンフリクトへの対応が求められる。

　また，両立支援策は，休業する従業員もしくは短時間勤務での就業を長期間続ける従業員といった，施策利用者のキャリア形成はどうあるべきかという新たな課題をもたらした。管理職には，部下の仕事と育児や介護との両立を支援しながら育成するという，幅広い行動が求められる。

　以下では，ダイバーシティ・マネジメントの一環として企業が行うWLB施策において，管理職が果たす役割と具体的な行動，課題について概観する。

2　部下のワーク・ライフ・バランスを支援する管理職

⑴　企業が従業員のワーク・ライフ・バランスを実現する２つの仕組み

　企業が従業員のWLBをサポートする方法には，構造的サポートと文化的サポートという２つがある（Kossek et. al., 2010）。構造的サポートには，いわゆる人事施策や，柔軟な働き方の実現（いつ，どこで，どれだけ働くかということについて従業員が裁量を持つ）といった仕事のさせ方の仕組みに関するサポートが含まれる。具体的には，育児・介護休業や短時間勤務といった両立支援策をはじめ，フレックスタイムや在宅勤務などの働く時間や場所の柔軟性を高める施策，年次有給休暇の取得促進，長時間労働の削減，さらには職務再設計などが含まれる。また，社内保育所の設置や保育や介護に関わる費用負担といった取組みも含まれる。

　一方，文化的サポートには，WLBを支援する組織文化を中心に，WLBの維持・向上につなげるべく導入された人事施策の利用しやすさやWLBの維持に対して上司・部下双方が，肯定的な価値を見出していることなどが含まれる。

　WLBに関連する組織文化としては，Thompson et al.（1999）の仕事と家庭の両立支援文化（work-family culture）が広く知られている。Thompsonらは，仕事と家庭の両立支援文化を「従業員が，仕事ならびに家庭生活を統合することを組織としてサポートし，価値を認める程度に関する共有された暗黙の了解・信念・価値観」と定義した上で，その構成要素として，①従業員の仕事と家庭の両立に対するマネジメント層の支援，②両立支援策の利用がもたらすキャリアへの影響，③組織の労働時間に関する期待，という３つを提示した。従業員の仕事と家庭の両立に対するマネジメント層の支援とは，管理職ならびにより上位のマネジメント層が，従業員の家族的責任に配慮しサポートを提供している程度についての，従業員側の認知である。次に，両立支援策の利用が

もたらすキャリアへの影響とは，両立支援策の利用や家庭を優先させることがもたらす，キャリアへのマイナス影響に関する認知のことである。最後に，組織の労働時間に関する期待とは，従業員が仕事を家庭よりも優先させることや，長時間働くこと期待するという規範が，組織に存在する程度についての認知である。

　マネジメント層が従業員の仕事と家庭の両立を支援し，両立支援策の利用がキャリアに対してマイナスの影響を与えず，家庭よりも仕事を優先させる規範が組織にないことが，仕事と家庭の両立支援文化となる。

　また，Allard, Haas and Hwang（2011）が提唱した両立支援的組織（family-supportive organizational culture）もある。これは，Thompson et al.（1999），Allen（2001），Thomas and Ganster（1995）が仕事と家庭の両立に関する組織風土ついて概念化したものを組み合わせたものであり，①トップ・マネジメントからのサポート，②上司からのサポート，③同僚からのサポートというサポートを提供する階層の違いによる3つの水準で構成される。このうち，トップ・マネジメントと上司については，従業員（部下）のWLBに気を配っているかどうかを中心とする。同僚については，部門の同僚のWLBを気にかけているかどうかに加えて，部門の同僚の家族の問題のために，自分がより長時間働くことに対する態度といった労働時間に対する規範や，職場における育児休業の取りやすさという観点が加味されていることが特徴である。初期のWLB研究では，構造的サポートに該当する，人事施策の効果を検証するものが多かったが，近年では文化的サポートに該当する，WLB文化の重要性を強調する研究が増えてきている（たとえばMcDonald, Brown and Bradley, 2005）。

⑵　2つのサポートをつなぐ管理職

　管理職は，従業員のWLBを支援する構造的サポートならびに文化的サポートにどのように関与するのであろうか。まず，管理職は，主として人事施策や各種取組みの運用を通じて構造的サポートに関与する。組織があるWLB施策を導入するという「意図した施策」は，管理職によって運用された「実行された施策」を通じて，メンバーに伝わる。たとえ同一の人事施策であっても，管

理職によってその運用の程度に違いが生じることで，メンバー1人ひとりが経験するWLB施策の利用しやすさなどに違いが発生する。同時に，管理職は，組織が導入する人事施策と個々の従業員のニーズとつなぐ要となる存在でもある（Crain and Hammer, 2013）。

　次に，組織文化に代表される文化的サポートについてである。組織文化は人事施策と管理職の態度によって形成されることから，管理職が部下に提供するサポートは組織文化の1側面を形成すると言え（den Dulk and Peper, 2007），管理職は組織文化の構築に関与していると言える。同様に，管理職は部下が，組織文化を経験し知覚する方法に影響を与える（Allen, 2001）。これらのことから，管理職は文化的サポートにも関与すると言える。

　したがって，構造的サポートにおいてはその運用を通じて，文化的サポートにおいてはその構成要素となることを通じて，管理職は構造的サポート・文化的サポート双方に関与すると言える。

　企業による従業員へのWLB支援が効果を上げるためには，構造的サポートと文化的サポートが適切に連動して提供されることが重要である。たとえば，子供の学校の行事への参加のために，半日単位での有給休暇の取得を認める仕組み（構造的サポート）があったとしても，「家庭のためという理由で有給休暇をとる」ということに対して管理職が否定的な価値観を持っている（文化的サポートの欠如）とするならば，有給休暇取得という仕組みは，従業員にとって非常に利用しにくいものとなる。したがって，企業によるWLB支援が広く社内に浸透するためには，構造的サポートだけでは不十分であり，構造的サポートと文化的サポートが適切に連動し，一貫したメッセージを発していることが不可欠である。

　構造的なサポートと文化的なサポートの双方に関与する管理職は，2つのサポートの連動のあり方を決める存在でもあることからも，WLB支援において重要な役割を担う存在だと言える。

⑶　ワーク・ライフ・バランス支援がもたらす不公平感に対処する管理職

　企業による従業員のWLB支援は，必ずしもプラスの効果だけをもたらすだ

けではなく，マイナスの影響をもたらす。マイナスの影響の代表格が従業員の不公平感である。たとえば，WLB施策が企業内に十分に浸透していないといった理由により部門間で利用しやすさが大きく異なる，といった不公平感がある（Duxbury, Higgins and Coghill, 2003；McDonald et al., 2005）。また，WLB施策の特性に基づく不公平感もある。WLB施策は必ずしも両立支援策に限定されないが，両立支援策がWLB施策の代表的な施策であることも事実である。子供を持たない従業員は両立支援策を利用できないため，子供を持たない従業員が，「両立支援策は，親としての役割を担う従業員のためだけの施策であり，利用しない従業員の仕事の負荷を高める」と不公平を感じることを通じて，WLB施策に対して反発する可能性がある（de Janasz et al., 2013；Nord et al., 2002）。

　組織的公正（organizational justice）研究は，従業員が「私が所属する組織は，従業員を公正に扱っている」と認識することが，上司への信頼や，就業継続意向，組織コミットメント，職務満足といった個人だけでなく組織にとっても望ましい心理的アウトカムを高めることを明らかにしている（Lee, Pillutlal and Law, 2000；Foley, Ngo and Wong, 2005；Brammer, Millington and Rayton, 2007）。したがって，従業員が「不公平である」と認識するリスクを内包するWLB施策は，その運用次第で，従業員に不公平感を強く認識させることを通じて，組織に対してマイナスの影響をもたらしうる。実際に，WLB施策に対する公平感を検討した研究は，主として両立支援策を利用できない従業員が，両立支援策に対して不公平感を感じることを通じて反発したり（Young, 1999），反生産的行動（counterproductive work behaviour）を取ったりすることがある（Beauregard, 2014）ことを明らかにしている。ここで言う反生産的行動とは，「一部の組織メンバーによって遂行され，組織が正当な利益に反するとみなす意図的な行動」（Gruys and Sackett, 2003）のことであり，サボタージュなどの組織に向けた行動と，悪意のある人間関係など個々の従業員に向けた行動がある。反生産的行動は組織の機能を阻害し，パフォーマンスを低下させる。

　したがって，管理職には，部下のWLBをサポートしプラスの効果を引き出

134

すと同時に，組織的公正という観点から，WLB施策の運用によって生じる部下の不公平感への対処を通じて，マイナスの影響を抑制することが求められる。WLBの推進が，部下個々人レベルでのプラスの効果を超えて，職場レベルでのプラスの効果へとつながるためには，WLBの推進に対して従業員が公平性を認識することが不可欠である。

3 部下のワーク・ライフ・バランスを支援する管理職の行動

⑴ 部下のワーク・ライフ・バランス支援につながる管理職の行動としてのFSSB

　部下のWLB支援をする管理職の具体的な行動には，どのようなものがあるのだろうか。Thomas and Ganster（1995）は両立を支援する管理職（family supportive supervisor）を「仕事の責任と家庭の責任双方のバランスを取ろうとする従業員の願望に対して共感する管理職」と定義した。その後しばらくの間，従業員の仕事と家庭の両立を支援する管理職の行動は，情緒的サポートの提供という1次元で捉えられていた。

　その後Hammer et al.（2009）は，仕事と家庭の両立を支援する管理職の行動を測定する多次元尺度を開発した。それが上司による両立支援行動（Family Supportive Supervisory Behavior：FSSB）である。FSSBは，重要な他者からの心理的・道具的サポートが資源として重要であると考えるソーシャル・サポート理論を理論的基礎とし，「上司によって提供される，従業員の家族上の役割を支援する行動」と定義される（Hammer et al., 2009, p.838）。ソーシャル・サポート理論では，各種サポートといった資源は，ストレッサーへの対処を可能にすることを通じて，個人の心身ともに健康度を高めると考える。

　FSSBは，それまで情緒的サポートという1次元で捉えていた管理職の行動を，①情緒的サポート，②道具的サポート，③ロールモデルとしての行動，④創造的な仕事と家庭のマネジメント，という4次元で捉えた（Hammer et al., 2009）。

　ここでいう情緒的サポートとは，育児に従事している従業員が，職場で自分達は配慮されており，必要に応じて上司と，仕事と家庭の問題について苦痛を感じずに話すことができるという認識のことである。また，道具的サポートとは，仕事と家庭の両立のために，働く時間を柔軟に調整するといった行動様式と関連する支援である。さらに，ロールモデルとしての行動とは，仕事と家庭を統合する方法を管理職が自ら示し，WLBを実現する行動は職場で受容されるものであることを，従業員に対して示す行動のことである。創造的な仕事と家庭のマネジメントとは，従業員の仕事と家庭の問題に対して，前向きかつイノベーティブに組織レベルで対処するといった行動を指す。たとえば，従業員のWFCを低減させる職務再設計を行うことを通じて，職場のパフォーマンスをも向上させるといった行動が含まれる。

　FSSBは，知覚された組織サポート（perceived organizational support）の一形態であり，両立支援的な組織サポート（family supportive organizational perceptions）と類似性が高く，管理職から部下に対して提供されるサポートの一部分を構成する。

⑵　管理職のワーク・ライフ・バランス支援行動が部下に与える影響

　管理職による部下のWLB支援の効果を検討した先行研究は，管理職の態度や行動が，部下に望ましい効果をもたらすことを指摘する。たとえば，サポーティブな管理職は，部下の情緒的消耗感やWFC，不安や抑うつといった諸症状を低下させる。また，管理職のサポーティブなマネジメントは，質の高い上司–部下関係を構築することを通じて，部下の仕事上のパフォーマンスやキャリアに対する満足度を高めることが，確認されている。同様に，管理職による両立支援は部下の職務満足を高め，離職意向を低下させる。

　日本では，ワーク・ライフ・バランス＆多様性推進・研究プロジェクト（2014）が，部下のWLBの実現に不可欠な行動を提供する管理職を「ワーク・ライフ・バランス管理職」（以下，WLB管理職）と定義した上で，WLB管理職に求められる行動として，①時間の使い方を考えて仕事をしている，②自分の生活（家庭役割など）を大切にしている，③部下の仕事以外の事情に配慮し

ている，④業務遂行がうまくいくよう部下を支援している，⑤所定時間内で仕事を終えることを推奨している，という5点を挙げている。その上で，WLB管理職の部下で構成される職場は，他の職場よりも業績が良いと回答する割合が高いことを示した。

　FSSBが，部下に与える影響についても数多く検討されている。FSSBは，WFC，離職意向を低減し，職務満足，仕事から家庭への，および家庭から仕事へのポジティブ・スピルオーバー（positive spillover）を高める（Hammer, Kossek, Yragui, Bodner and Hanson, 2009）。スピルオーバーとは，一方の役割における状況や経験が，他方の役割における状況や経験にも影響を及ぼすことと定義され，複数の役割に従事することによる負担や葛藤などのネガティブな感情だけでなく，ポジティブな感情にも焦点を当てる（島田・島津，2012）。ポジティブ・スピルオーバーは，仕事生活や家庭生活など複数の役割を持つことで，相互の役割にプラスの効果を及ぼし合うことに注目した概念である（島津，2014）。他にもFSSBは，従業員の仕事と家庭の両立や，結婚・親としての成功や生活満足度を高めると同時に，組織コミットメントやエンゲージメントの向上，離職意向の低下といった，組織にとって望ましい結果をもたらす。このように，FSSBに代表される管理職が，部下のWLBを支援する行動は，部下に対してプラスの効果をもたらす。

⑶　管理職による部下のワーク・ライフ・バランス支援行動に影響を与える要因

　FSSBが，部下のWLBにプラスの効果をもたらすならば，FSSBはどのような要因によってもたらされるのだろうか。Straub（2012）は，先行研究をふまえFSSBに影響を与える要因として，管理職個人レベルの要因と人材マネジメント等の組織レベルの要因に関する概念モデルを提唱した（図表5-3）。

　個人レベルの要因としては，仕事と家庭の両立に伴う問題点の認知や，逆に仕事と家庭の両立がもたらすメリットの存在の認知がある。管理職自身が，職場で同僚や部下の仕事と家庭の両立に伴う問題点を見聞きすることは，管理職のFSSBを喚起する。同様に，職場で同僚や部下が仕事と家庭を両立すること

図表5-3 FSSBの先行要因とその効果

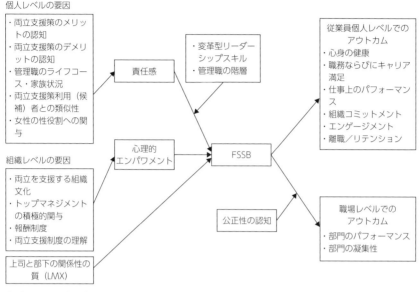

出所：Straub（2012）

で経験するメリットを見聞きすることも，管理職のFSSBを喚起する。

　管理職のライフコースも影響を与える。管理職自身が小さな子供を持っていたり，介護を担っていたりする場合，FSSBは喚起されやすくなる。また，家族生活に関わるニーズを持つ従業員と自分との間に類似性を認知し，自分に近い存在として認知することや，管理職自身が，一般に女性の性役割として認知されている役割に従事していることも，FSSBを喚起することにつながる。Straub（2012）は，これらの要因が，管理職が状況に対処する責任を感じる（なんらかの変化を起こすことに個人として義務を負っているという信念を持つこと）ことを通じて，FSSBが喚起されると考えた。

　一方，組織レベルの要因としては，まず仕事と家庭の両立支援文化（Thompson, Beauvais and Lyness, 1999）がある。仕事と家庭の両立支援文化がある組織で働く管理職は，観察学習を通じて自分に求められる行動を獲得し，組織がサポーティブであると認識する管理職は，互恵的に部下に対してサポーティブな

行動を取る（Shanock and Eisenberger, 2006）。同様に，Allen（2001）は管理職のサポートと仕事と家庭との両立を支援する職場風土との間には，強い相関があることを明らかにしている。

　また，WLB推進へのトップ・マネジメントの積極的関与，両立を支援する管理職の行動を促進する報酬システムの存在，管理職が自社のWLB施策についてよく知っていることが，管理職の心理的エンパワメントを高めることを通じて，FSSBを喚起する。

　Straub（2012）は管理職のリーダーシップにも注目し，FSSBの先行要因として，リーダーシップの交換関係（Leader-Member Exchange: LMX）理論を取り上げた。第3章で見てきたように，LMXとは，リーダーシップ研究の中でも，リーダーとフォロワーの相互作用に注目するものであり，一般にLMXは上司と部下の人間関係の質を表現する概念である。LMX理論では，職場のリーダーと個々のメンバーとの関係性はすべて等しいわけではなく，部下ごとに上司との関係性は異なるという前提のもと，その関係性の違いはリーダーとメンバー間での社会的交換関係の質によって生じると考える。そして，リーダーとメンバーの社会的交換の質の違いが，リーダーやメンバーの行動や態度を規定する。先行研究からも，LMXの質の高さが組織コミットメント，職務満足，職務成果を高めることが確認されている。

　管理職による家族支援行動（family supportive behavior）は，管理職が当該部下に対して資源を提供するものであることから，LMXと概念上近接する関係性にある。したがって，管理職との交換の質が良好な部下は，管理職からのFSSBを受けるというパスは説得力がある。なお，Bagger and Li（2014）は，管理職が部下に対して家族支援行動を取ることが，結果としてLMXを高めるという逆の因果の可能性を指摘し，LMXとFSSBとの間にはお互いがお互いを強化するという循環的な関係があると言える。

　部下のWLBを支援する管理職の行動の先行要因に関する研究の一部は，よりミクロな観点から，管理職が部下のWLBを支援する行動を取ろうとする意図に注目した。その背景には，組織があるWLB施策を導入したとしても，WLB施策を積極的に運用する管理職もいれば，消極的な態度を取る管理職も

いるというように，施策運用の積極性にばらつきが生じている現状がある。

　このようなばらつきは，そもそも労働時間や仕事量の削減といった部下の WLBを支援する行動は，職場レベルでの目標達成に責任を持ち，職場のパフォーマンスの向上を図ろうとする管理職にとって，非常にチャレンジングな行動であることに起因する。

　この点に注目したMcCarthy, Darcy and Grady（2010）は，部下のWLB支援に対する管理職の行動を引き出す要因を，Ajzen（1985）が提唱した計画的行動理論（Theory of planned behavior）に基づいて検討した（図表5-4）。計画的行動理論では，ある人の行動は「行動に向けた態度」「主観的な規範の認知」「行動のコントロール感」という3つの要因によって規定されると考える。「行動に向けた態度」とは，ある行動についてそれを行うことで望ましい結果が起こると考える程度のことであり，肯定的な態度を有すると，その行動を取ろうとする意図が高まる。次に，「主観的な規範の認知」とは，その行動を行うことが社会的な常識に反していないか，という認知のことである。反していないという認知を持つことで，その行動を取ろうという意図が高まる。最後に，「行動のコントロール感」とは，その行動に必要な資源と能力を自分が持っている程度に関する認知であり，その行動を取ることができると認知すれば，その行動を取ろうという意図が高まる。

　この理論を援用したMcCarthy et al.（2010）は，管理職の行動に影響を与える5つの要因を指摘した。まず，①管理職が，自社のWLB施策やプログラムについてその存在を知り，その内容について理解していること，②管理職自身に，WLB施策やプログラムを利用した経験があることが，WLB支援に関する行動への意図に影響を与えるとした。

　その上で，「行動に向けた態度」として，WLB施策や取組みが職場に与える影響についての認知を取り上げた。WLB施策や取組みが，職場にとって良い影響をもたらすという信念を持つ管理職は，WLB施策や取組みを積極的に推進する行動への意図を高める。また，「主観的な規範の認知」としては，部下からのWLB施策やその利用に関連する要望を取り上げた。部下からのWLB施策やその利用に関連する要望は，管理職の行動に影響を与える。部下から

140

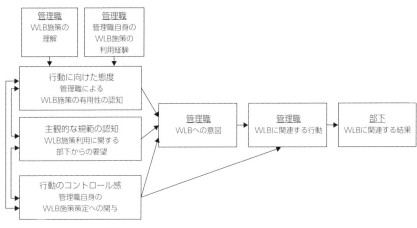

図表5-4 計画的行動理論に基づく管理職の態度や行動に関する概念モデル

出所：McCarthy et al.（2010）

WLBに関する要望がより多く出される職場では，管理職はWLB施策や取組み
を積極的に推進しようとする。さらに「行動へのコントロール感」としては，
管理職がWLB施策やプログラムの策定等に関与することを取り上げた。管理
職がWLB施策やプログラムの策定等に関与することで，管理職はWLBに対し
て肯定的な態度を形成する（Maxwell, 2005）だけでなく，WLB施策の運用に
積極的となり，行動への意図を高める。

4 ワーク・ライフ・バランス支援とキャリア形成

⑴ WLB支援が利用者のキャリア形成に与える影響

　もともと組織による従業員のWLB支援は，仕事と育児や介護との両立を支
援することを中核として進められてきたこともあり，部下のWLBを支援する
管理職の行動としては，FSSBに焦点が当てられることが多い。従業員が所属
組織によるWLB支援を通じて，「所属組織は自分の仕事以外の生活の部分に対
してサポーティブである」と認知すればするほど，従業員は組織に対して忠誠

心やコミットメントを感じ，離職意向が低くなり，そのことが組織にとっての利点につながると考えられてきた。すなわち，組織によるWLB支援は，これらを利用しない従業員の不公平感という問題を除いては，従業員に対してプラスの効果をもたらすことが強調されてきた。

　しかしながら，昨今企業によるWLB支援，中でも労働時間や仕事量を削減する（reduced-load work）タイプのWLB支援について，利用者のキャリアという観点から問題が指摘されるようになってきている。具体的には，育児休業や短時間勤務制度といった両立支援策は，出産・育児による女性従業員の離職を低減することに効果があるが，利用者の増大とともに利用可能期間の長期化が進む中で，施策利用者のキャリア形成の停滞につながるリスクがあると，指摘されるようになってきたのである。

　まずは，組織によるWLB支援とWLB施策利用者のキャリア形成の関連について整理してみよう。男性と女性のキャリアの均等という観点から，男女間でキャリアの不平等が生じる過程のモデル化を図ったKossek et al.（2017）は，不平等が生じるメカニズムを説明するパースペクティブの1つとして，仕事と家庭パースペクティブを取り上げ，男女間でのキャリアの不平等をもたらす要因として，組織の従業員に対する過重労働の期待とともに，仕事と家庭の両立支援施策の不足や利用可能性の欠如，仕事と家庭の両立を支援する組織文化の不在とスティグマの存在を挙げている。

　Kossek et al.（2017）によれば，仕事と家庭の両立支援施策ならびに施策の利用可能性が高まることは，男女間でのキャリアの不平等を抑制する。同様に，仕事と家庭の両立を支援する文化が存在することで，WFCが低減し職務満足度が高まることを通じて，男女間でのキャリアの不平等を抑制する。この点は，前述したアイデンティティ・ブラインドアプローチと通ずる。両立支援策は基本的には，男性と女性のキャリアの均等を促進する機能を持っているのである。

　一方で，女性は男性よりも両立支援策などのWLB施策を利用しやすいだけでなく，子供の急病時にも早退・欠勤することが容易だと言われている。しかしその結果，女性が昇進から取り残されたり，給与が低い水準にとどまったりといった，キャリア形成上の何らかのダメージを受けるケースが少なからず存

在する。すなわち，両立支援策には，施策の利用を通じて男性と女性のキャリアの不平等を促進する側面もある。このようにWLB施策は，主として女性となる利用者のキャリア形成に対してプラスとマイナス双方の影響を与えるのである。

(2)　短時間勤務者の仕事の特徴

　日本で行われた短時間勤務者（短時間勤務制度を利用中の正社員）の仕事内容についてのヒアリング調査は，短時間勤務者の仕事内容には，①自分1人で事前にスケジュール管理が可能な仕事，②短納期でない仕事，③社内の他職場や社外との調整が必要でない仕事，④他に主担当者がいる仕事のサブ的な役割，といった特徴があること，結果として，短時間勤務者に対して配分される仕事は，外部との接点が少ない社内もしくは部門内で完結する業務，ある程度決められた手順で単独でも進められる業務であることを明らかにしている（武石，2013）。同様に，短時間勤務者の異動も限定的なものとなる（武石，2013）。また，松原（2012）は，フルタイム正社員と比較した場合の短時間勤務者の業務の特徴として，①迅速性・緊急性の欠如，②チャレンジ性欠如，③出張の欠如という3点を指摘した上で，これらの特性が短時間勤務者のキャリア展望を描きにくくさせていると指摘した。

　このように，短時間勤務者は，その就労時間の短さと他の従業員との就労時間のギャップを通じて，仕事内容や異動が制限されることで，フルタイムで働く従業員と比較して，キャリア・プラトー（career plateau）や仕事内容プラトー（job content plateau）が発生するリスクが高まると考えられる。プラトーとは高原という意味で，キャリア・プラトーとは，キャリアをある程度登ってきて，そこで停滞するキャリアの「高原状態」を指す。一般に「現在の職位以上の昇進の可能性が非常に低いこと」という垂直軸での停滞を指すことが多いが，「成長や能力開発の可能性が非常に低いこと」という水平軸での停滞を指すこともある。また仕事内容プラトーとは，仕事の内容が挑戦しがいのあるものではなく責任も軽い状態を指す。短時間勤務制度の利用は，利用者の仕事の量や質を制限することを通じて，垂直軸・水平軸双方での停滞のリスク

を高める。

⑶　フレキシビリティ・スティグマ

　短時間勤務制度などの両立支援策利用者は，前述したような実際に担当できる仕事の量や質が制限されることを通じてもたらされるキャリアのリスクだけでなく，第4章で取り上げたフレキシビリティ・スティグマを経験するというリスクもある。フレキシビリティ・スティグマとは，労働時間の短さやどこで働いているかという勤務の実態ではなく，「育児や介護といった家族的責任の遂行のために，短時間勤務などの両立支援策を利用する」という行為そのものによって，仕事に没頭していない人材というラベリングがなされ，そのラベリングに基づいて，キャリアップにつながらない仕事が与えられたり，キャリア形成において自らを引き上げてくれるメンターやスポンサーを見つけることが難しくなる，といった不利益を被ることである。

　フレキシビリティ・スティグマの背景には，主として男性正社員を対象として構築された，職場で長時間働き，仕事を最優先とするといった献身的に仕事に従事することを望ましいと考える仕事専念スキーマがある。子供がいる従業員，さらには両立支援策を利用する従業員は，仕事専心スキーマが作り出す理想の従業員像から逸脱する。両立支援策利用者が，理想の従業員像から逸脱していると捉えられるということは，会社としてはさまざまな両立支援策を提供するが，その利用によって不利益を被ったとしてもそれは仕方がないことであり，利用者の自主的な選択に基づく自己責任である，という暗黙のメッセージを従業員に発することになる。その結果，従業員は，WLB支援策を利用する上でスティグマを受け入れる，もしくはスティグマを回避すべくWLB支援策を利用しないという選択を強いられることになる。

⑷　短時間勤務者のキャリア形成と管理職

　短時間勤務のように，労働時間ならびに仕事量を削減する働き方をしながらのキャリア形成には多くの課題があることを示してきたが，そのような働き方を選択し続けた場合，常にキャリア形成は難しいのだろうか。

　Kossek et al.（2016）は，会社側の都合ではなく個人の意向で，労働時間もしくは仕事量を削減する働き方（reduced-load work：以下，短時間勤務[2]）をしている専門職を部下とした経験を持つ管理職と，人事部門の管理職ならびに上級管理職を対象としたインタビュー調査を通じて，短時間勤務をする部下への管理職のサポートを引き出す要因を明らかにした。ここでいう部下のサポートには，単に就業継続に向けたサポートだけでなく，昇進などキャリア形成に関するサポートが含まれる。

　その結果，①短時間勤務をする部下のパフォーマンス，②短時間勤務をする部下の働き方の柔軟性，③担当する仕事内容，という3点が，管理職が短時間勤務をする部下を支援する程度に影響を与えることが確認された。まず，労働時間を削減する働き方をしている部下が，高いパフォーマンスをあげたり，高い能力や専門性，仕事に対する倫理性が高い時，管理職は短時間勤務をする部下を支援する。

　また，短時間勤務をする部下が，仕事にコミットし，職務遂行のための柔軟性を有していることも，管理職が短時間勤務をする部下を支援することにつながる。具体的には，部門が忙しい時には労働時間を通常より増やす，就業時間以外にもメールをチェックする，部門の仕事量をチェックしながら，同僚や上司，顧客に迷惑をかけないように柔軟に対処しようとする，というように，短時間勤務をする部下が，職場の状況に応じて，働き方を柔軟に調整することである。

　さらに，短時間勤務をする部下が担当する仕事内容が，見通しの立てやすい仕事や厳しい締め切りがない仕事，他部門との関連が少ない仕事，部下をマネジメントするような上位の仕事や会社にとって中核ではない仕事である場合にも，管理職は短時間勤務をする部下を支援する。

　部下だけでなく，組織として短時間勤務をどうサポートしているかといった組織要因も，管理職の部下へのサポートに影響を与える。Kossek et al.（2016）はインタビューを通じて，組織要因として2つの文化的要因と2つの構造的要因を指摘した。文化的要因としては，より上位のマネジメント層から管理職へのサポートと，労働時間を削減することによるキャリア上のペナルティの存在

である。より上位のマネジメント層が，管理職にとってのロールモデルとなり，労働時間を削減する働き方に関心をもっていること，新たな人事管理の取組みを主導していることが，管理職の短時間勤務をする部下に対する支援を引き出す。また，短時間勤務がその働き方をする人のキャリアに対してマイナスの影響を与えるという認識が組織内にある場合，管理職は逆に短時間勤務をする部下をより支援する。

　一方，構造的要因としては短時間勤務の利用が，特定の従業員のみに限定されることなく，より多くの従業員が利用可能であり，組織全体に浸透していること，また短時間勤務をサポートするような人事施策が導入されていることが，管理職が短時間勤務をする部下へのキャリア形成を含めた支援を行うことへの積極性を高めた。

図表5-5　短時間勤務をする部下への管理職の捉え方に影響を与える要因

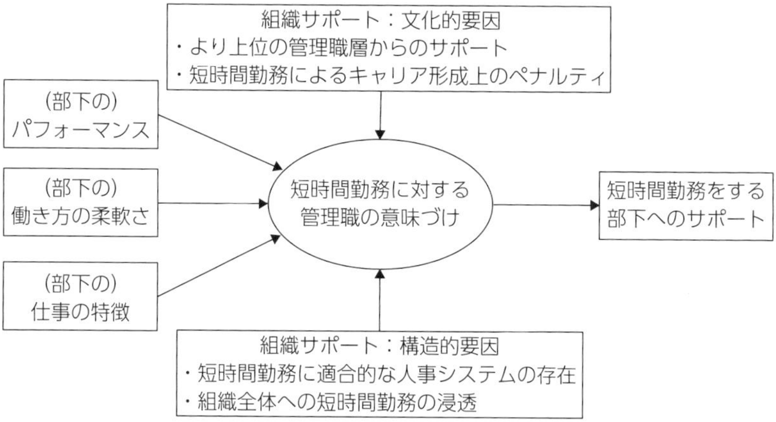

出所：Kossek et al.（2016）

　これらの結果は，短時間勤務など労働時間や仕事量を削減するWLB施策は，その利用者のキャリア形成に対してリスクとなりうる側面を持ちうるが，組織による取組みや組織文化，また利用者の働きぶりなどを通じて，管理職から就業継続だけでなくキャリア形成につながる支援を引き出すことが可能であることを示す。

POINTS

◆ WLBは，仕事と育児や介護といった家族的責任の両立だけでなく，幅広く仕事と仕事以外の生活のバランスを示すものであり，その推進は従業員・組織双方にとって望ましい結果をもたらす。

◆ 管理職は，組織が従業員のWLBを支援する際に，WLBを支援する人事制度や働き方といった構造的サポートを推進することを通じて，またWLBに関わる組織風土や価値観といった文化的サポートを構成することを通じて，さらには構造的サポートと文化的サポート双方をつなぐことを通じて，組織のWLB推進ならびに部下に対して大きな影響を与える。

◆ 管理職による部下のWLB支援として代表的な行動であるFSSBは，①情緒的サポート，②道具的サポート，③ロールモデルとしての行動，④創造的な仕事と家庭のマネジメント，という4次元で構成される。これらの行動は，管理職の個人要因ならびに組織要因によって喚起される。

◆ 労働時間を削減するタイプのWLB施策は，その利用者が担当する仕事内容の制限を通じて，キャリア形成に影響を与える。利用者のパフォーマンスや仕事特性，さらには人事制度や組織文化といった組織要因が，管理職によるWLB施策利用者のキャリア形成支援を含めた支援のあり方に影響を与える。

注

1　「仕事」「家庭生活」「地域・個人の生活」の優先度合いについて「(1)希望に近いもの」「(2)現実に近いもの」の回答が一致している場合を「希望と現実が合致している」とし，回答が一致していない場合を「希望と現実が合致していない」とした。

2　Kossekらは同研究におけるreduced-load workを「労働時間もしくは仕事の負荷を低減する働き方」と定義しているが，調査対象は労働時間を削減する部下をマネジメントした経験のある管理職であったことから，以下ではreduced-load workを短時間勤務と呼ぶ。

参考文献

島田恭子・島津明人（2012）「ワーク・ライフ・バランスのポジティブ・スピルオーバーと精神的健康」『産業精神保健』，Vol.20(3)，pp.271-275.

島津明人（2014）．「ワーク・ライフ・バランスとメンタルヘルス：共働き夫婦に焦点を当てて」『日本労働研究雑誌』，No.653，pp.75-84.

武石恵美子（2013）「短時間勤務制度の現状と課題」『生涯学習とキャリアデザイン―法政大学キャリアデザイン学会紀要』，Vol.10，pp.67-83.

内閣府（2007）「平成19年度男女共同参画白書」

内閣府 男女共同参画局（2014）「ワーク・ライフ・バランスに関する個人・企業調査」

松原光代（2012）「短時間正社員制度の長期利用がキャリアに及ぼす影響」『日本労働研究雑誌』No.627，pp.22-33.

ワーク・ライフ・バランス＆多様性推進・研究プロジェクト（2014）「ワーク・ライフ・バランス（WLB）管理職に関する調査の概要と提言」

Ajzen, I (1985). From intentions to actions: A theory of planned behavior. In: Kuhl, J, Beckman, J (Eds.) Action-control: From cognition to behavior (pp.11-39). Heidelberg: Springer.

Allard, K., Haas, L., & Hwang, C. P. (2011). Family-Supportive Organizational Culture and Fathers' Experiences of Work-family Conflict in Sweden. *Gender Work and Organization, 18*(2), 141-157.

Allen, T. (2001). Family-Supportive Work Environments: The Role of Organizational Perceptions. *Journal of Vocational Behavior, 58*, 414-435.

Bagger, J., & Li, A. (2014). How Does Supervisory Family Support Influence Employees' Attitudes and Behaviors? A Social Exchange Perspective. *Journal of Management, 40*(4), 1123-1150.

Brammer, S., Millington, A., & Rayton, B. (2007). The contribution of corporate social responsibility to organizational commitment. *International Journal of Human Resource Management, 18*, 1701-1719.

Beauregard, T. A. (2014). Fairness Perceptions of Work–Life Balance Initiatives: Effects on Counterproductive Work Behaviour. *British Journal of Management, 25*. doi: 10.1111/1467-8551.12052

Beauregard, T. A. & Henry, L. C. (2009) "Making the link between work-life balance practices and organizational performance." Human Resource Management Review 19(1) ; 9-22.

Brough, P., Timms, C., O'Driscoll, M. P., Kalliath, T., Siu, O., Sit, C., & Lo, D. (2014). Work-life balance: A longitudinal evaluation of a new measure across Australia and New Zealand workers. International Journal of Human Resource Management, 25 (19), 2724-2744.

Carlson, D. S., Grzywacz, J. G., & Zivnuska, S. (2009). Is work-family balance more than conflict and enrichment? Human Relations, 62 (10), 1459-1486

Crain, T. L., & Hammer, L. B. (2013). Work-family enrichment: A systematic review of antecedents, outcomes, and mechanisms. In A. B. Bakker (Eds.), Advances in positive organizational psychology (Vol. 1, pp. 303-328)

de Janasz, S., M. Forret, D. Haack and K. Jonsen (2013). 'Family status and work attitudes: an investigation in a professional services firm', British Journal of Management, 24(2), pp.191-210

148

den Dulk, L., and B. Peper. 2007. "Working Parents' Use of Work-Life Policies." Sociologia, Problemas e Pra´ticas 53: 51-70.

Duxbury, L., Higgins, C., & Coghill, D. (2003). Voices of Canadians: Seeking work-life balance.Hull, QC: Human Resources Development Canada.

Foley, S., Ngo, H.-Y., & Wong, A. (2005). Perceptions of Discrimination and Justice: Are There Gender Differences in Outcomes? *Group & Organization Management, 30*, 421-450.

Ferguson, M., Carlson, D., Zivnuska, S., & Whitten, D. (2012). Support at work and home: The path to satisfaction through balance. Journal of Vocational Behavior, 80(2), 299-307.

Greenhaus, J., & Beutell, N. (1985). Sources of conflict between work and family roles, Academy of Management Review, Vol. 10, *January, 10*, 76-88.

Gruys, M. L., & Sackett, P. R. (2003). Investigating the dimensionality of counterproductive work behavior. *International Journal of Selection and Assessment, 11*(1), 30-42.

Haar, J. M. (2013). Testing a new measure of WLB: A study of parent and non-parent employees from New Zealand. International Journal of Human Resource Management, 24 (17/18), 3305-3324.

Hammer, L. B., Kossek, E. E., Yragui, N. L., Bodner, T. E., & Hanson, G. C. (2009). Development and Validation of a Multidimensional Measure of Family Supportive Supervisor Behaviors (FSSB). *Journal of Management, 35*(4), 837-856.

Kossek, Ellen Ernst; Lewis, Suzan; Hammer, Leslie B. (2010) Work-life initiatives and organizational change: Overcoming mixed messages to move from the margin to the mainstream. HUMAN RELATIONS, 63(1), 3-19.

Kossek, E. E., Ollier-Malaterre, A., Lee, M. D., Pichler, S., & Hall, D. T. (2016). Line managers' rationales for professionals' reduced-load work in embracing and ambivalent organizations. *Human Resource Management, 55*(1), 143-171.

Kossek, E. E., Su, R., & Wu, L. S. (2017). "Opting Out" or "Pushed Out"? Integrating Perspectives on Women's Career Equality for Gender Inclusion and Interventions. *Journal of Management, 43*(1), 228-254.

Lee, C., Pillutlal, M., Law, K. S. (2000). Power-distance gender and organizational justice. Journal of Management, 26(4), 685-704.

Lunau, T., Bambra, C., Eikemo, T. A., Van der Wel, K. A., & Dragano, N. (2014). A balancing act? Work-life balance, health and well-being in European welfare states. European Journal of Public Health, 24(3), 422-427.

Maxwell, G. (2005). Checks and balances: The role of managers in work-life balance policies and practices. Journal of Retailing and Consumer Services, 12, 179-189

McCarthy, A., Darcy, C., & Grady, G. (2010). Work-Life Balance Policy and Practice: Understanding Line Manager Attitudes and Behaviors. *Human Resource Management Review, 20*, 158.

McDonald, P., Guthrie, D., Bradley, L., & Shakespeare-Finch, J. (2005). Investigating workfamily policy aims and employee experiences. Employee Relations, 27(5), 478-494.

Nord, W. R., S. Fox, A. Phoenix and K. Viano (2002). 'Real-world reactions to work-life balance programs: lessons for effective implementation', Organizational Dynamics, 30(3), pp.223-238.

Shanock, L. R., & Eisenberger, R. (2006). When supervisors feel supported: Relationships with subordinates' perceived supervisor support, perceived organizational support, and performance. *Journal of Applied Psychology*, 91(3), 689-695.

Straub, C. (2012). Antecedents and organizational consequences of family supportive supervisor behavior: A multilevel conceptual framework for research. *Human Resource Management Review-Human Resource Management Review*, *22*, 15-26.

Thomas, L. T., & Ganster, D. C. (1995). Impact of family-supportive work variables on work-family conflict and strain: A control perspective. *Journal of Applied Psychology*, 80 (1), 6-15.

Thompson, C. A., Beauvais, L. L., & Lyness, K. S. (1999). When work-family benefits are not enough: The influence of work-family culture on benefit utilization, organizational attachment, and work-family conflict. *Journal of Vocational Behavior*, *54*(3), 392-415.

Visser, F., & Williams, L. (2006). WLB, rhetoric versus reality? An independent report commissioned by UNISON. London: The Work Foundation

Young, M. B. (1999). Work-family backlash: Begging the question, what's fair? *Annals of the American Academy of Political and Social Science*, 562(1), 32-46.

第 **6** 章

管理職のダイバーシティ・マネジメント 行動を引き出す

ダイバーシティ・マネジメントがうまく機能するか否かは，施策の実行者である管理職にかかっている。本章では，管理職に対する2つの見方を示しそれぞれの立場から，管理職のダイバーシティ・マネジメント行動を引き出す方策を検討する。まず，管理職を，組織から権限委譲を受けて忠実に施策を実行する存在と見て，本社部門がその前段階で留意すべき点を述べる。さらに管理職を，自ら必要な情報を収集し施策の実施について意思決定を行う主体と捉え，管理職の決定や行動に影響を与える組織内の情報プロセスを整理し，組織による情報提供の在り方を検討する。また，管理職がダイバーシティ・マネジメントを推進する上で必要となるコンピタンスやスキルを獲得するための育成や研修について，実践に近い視点から考える。最後に今後の課題を述べる

1 管理職の行動を引き出す制度的要因と組織的取組み

(1) 管理職の役割と行動を検討する2つの視点

管理職の役割や行動を議論する組織論の立場には，組織の構造に着目する立場（マクロ組織論）と，モチベーションや職務満足，リーダーシップなど集団のグループ・ダイナミックスに着目する立場（ミクロ組織論）の2つがあり，実際の場面でこの2つの見方は相互に結びつく。組織が変化を起こす場合を考えると，組織構造と，社内企業家（第4章参照）でもある管理職を中心とする人の動きの双方が，重要な要素として相互に関わってくる。また，戦略の策定

と実行という観点から考えても，いかに本社部門が分析的で高度な戦略を策定しても，うまく機能するか否かは実行者である管理職にかかっている。

　このようにマクロとミクロの立場は相互に結びつくが，影響の方向にはマクロからミクロと，ミクロからマクロの2つがある。戦略の策定・実行に関し前者のフローを図式化すれば，まず経営トップや本社スタッフが分析的に戦略や経営計画を立案し，それに適した組織構造を導入し，公式な計画を各事業部門にブレークダウンする。管理職は公式に付与された権限によって忠実に部下にそれを実施させる。この場合の管理職の行動は，管理職の基本的な成果を導く基本的な行動と位置づけられよう（以下「分析型の基本的管理職行動」という。）。他方，後者のフローによる戦略プロセスはそれとは異なる。管理職は組織の公式な計画と矛盾しない自らの戦略的課題を設定し，その実施に不可欠な人々との間に，公式組織とは別の独自のネットワークを築いて必要な情報を得，それをもとに自ら判断しつつ上方や水平方向にも影響力を発揮して，現場の状況を組織全体の戦略に反映させていくというものになる（以下「創発型の管理職行動」という。）。前者が分析的戦略（analytical strategy）と呼ばれるのに対し，後者は進化論的戦略（evolutionary strategy）もしくは創発的戦略（emergent strategy）と呼ばれる。

　このようなプロセスに注意を向けて考えると，ダイバーシティ・マネジメントについての基本的アイディアは組織のトップや本社部門が決定するものであったとしても，それに続く管理職の行動を検討する視点としては次の2つが浮かび上がる。1つ目は分析的戦略の考えに沿って，組織のトップや本社人事部門が策定した施策を，各部門の管理職が忠実に実行するという施策実行の基本的な視点である。もう1つは，管理職に上方から下方という流れ以外の独自の情報ネットワークの存在を認め，自らが管理する組織に応じた施策として実施するような判断が管理職自身によって行われることを想定するものである。前者は安定的な環境下で，後者は不確実性の高い環境下で有効とされている。

　本章は管理職からいかにしてダイバーシティ・マネジメント行動を引き出すかを議論するが，まずは上述の分析的な戦略実行のプロセスにおける分析型の基本的管理職行動を基本的な立場として検討し，ついで管理職が独自の情報

ネットワークから獲得する情報をもとに実践者として判断を行う創発的な戦略実行プロセスにおける創発型の管理職行動についても検討する。

　具体的には1で，企業がダイバーシティ・マネジメントを実行する際のツールとして第2章から第5章において繰り返し取り上げたHRM施策の実行と組織風土の構築に関する管理職行動を，いかに管理職から引き出すかを分析的視点から検討する。期待理論を踏まえたモチベーションに関する議論は，ミクロ組織論の中心的な課題ではあるが，1では管理職から行動を引き出すための組織の施策を検討するとのマクロ的な観点から扱う。

　続く2では管理職を組織内の企業家あるいは情報活動やネットワーク構築の担い手として捉えるミクロ組織論の考えを取り入れ，管理職が進化的，創発的に行動をとることも視野に入れて検討を行う。

⑵　HRMを通じて行動を引き出す

　本書において組織がダイバーシティ・マネジメントを行う際の有力な2つの手段として取り上げてきたHRMと組織風土のうち，まずHRMを取り上げ，主たる担い手である管理職から行動を引き出すための方策を検討する。

　はじめに，HRM施策の決定から実行までの分析的なプロセスを改めて確認する。第4章の指摘によれば，そのプロセスは4つの段階に分けて考えることができる（第4章図表4-3参照）。第1段階は「施策導入の決断」が本社のHR専門部門の責任者によって行われる段階，第2段階は「HR施策の質」が，やはり本社のHR専門部門の管理職や経営者（CEOや上級管理職）によって決定される段階である。第3段階，第4段階は組織の決定を受けて管理職に権限が委譲され，それぞれの管理職が施策の実行を決断し（第3段階），自らが実施する内容を決定する段階（第4段階）となる。

　第4章の指摘も踏まえれば，第3段階・第4段階において，権限を委譲された管理職が組織から期待される行動をとらない理由として次の3点が考えられる。1点目は，管理職に権限が委譲される前段階，すなわち第1段階，第2段階での組織レベルでの決断・施策の質の問題である。2点目は管理職が組織から求められるダイバーシティ・マネジメントを実行するためのスキルやコンピ

154

テンシーが不足する問題である。3点目は，施策が本来もつ意図を正しく理解
しない，あるいは管理職自身や自部門の優先順位や価値観に合うように施策を
実施する程度や内容を変更してしまう可能性である。

　2点目のスキルやコンピテンシーの不足に対する方策については第3節で，
また3点目の管理職が自らの信念を反映させ，組織による価値の導入や施策の
実施の意図を変化させる課題については第2節で扱うため，ここでは第1点目
の組織レベルでの施策導入の組織としての決断や施策の質の問題を検討する。

　管理職に組織が導入する施策の価値や目的と意図を正確に伝え，行動を促す
ためにはどのような施策が必要だろうか。階層組織の上位者が下位者に権限移
譲した意思決定をコントロールするマネジメント・コントロール（第1章参
照）の観点から，責任，業績測定などのマネジメント・コントロールのサブシ
ステムを踏まえて検討する視点もあろうが，ここでは，何らかの価値の導入や
変化を伴う組織変化，改革への計画的な働きかけと解される組織開発の考え方
に沿って検討する。Cummings and Worley（2009）は，組織が変化を起こし，
変化のプロセスを計画的にマネジメントしていく上で重要な視点として「変化
への動機づけ」，「ビジョンや理念の創造」，「（ポリティカルな手法を用いた）
サポートの取り付け」，「変化の管理」，「変化の維持」の5点を指摘する（図表
6-1）。このうち，特に本社部門の管理者による，組織全体を巻き込み方向づ

図表6-1　変化のマネジメント

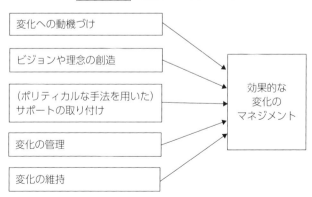

出所：Cummings and Worley（2009）

けるための意思決定時の課題や施策の質に関わる課題として「変化への動機づけ」と「ビジョンや理念の創造」「（ポリティカルな手法を用いた）サポートの取り付け」を取り上げる。

①　変化への動機づけ

「変化への動機づけ」とは，組織全体が変化せざるをえない何らかの強い理由の提示，変化に向けた組織メンバーの動機づけ，反対（抵抗）する人々の説得，それらを通じて変化に向けた準備（readiness）を整えることとされている。組織レベルで方向性を新しく設定したり，方針転換を決定したりする際にはこれらの要件が欠かせない。

ここでは，ダイバーシティ・マネジメントに取り組むことについて組織や管理職を動機づける要因として，マクロ的視点からみた組織的・制度的な要因，ミクロ的視点からみたモチベーション理論（期待理論）の順で検討する。

まず，組織全体を動機づける制度的な要因として，株主の変化によるガバナンスの要請の変化を取り上げる。1990年代のバブル経済崩壊後，日本企業の株主構成は，メインバンクから投資家へと移行しているが[1]，このような変化は企業のHRMにも影響を与えたことが指摘されている。たとえば冨山（2001），Ahmadjian and Robbins（2005），熊迫（2006）は，外国人投資家持株比率が高い企業ほど正社員の雇用調整速度が速いことを示している。ダイバーシティ（女性の活躍）に対する企業の取り組みについての影響も指摘されており，川口・西谷（2001）は，機関投資家持株比率が高い企業や，株主総会の改革を推進するなど投資家のガバナンスが強い企業ほど，ポジティブ・アクションに取り組んでいることを示している。さらにポジティブ・アクションの改善に取り組んでいる企業ほど，正社員に占める女性の比率，相対的女性部課長比率[2]，女性部課長の存在確率が高いことも明らかにしている。これらの指摘は必ずしも管理職の行動を直接的に扱うものではないが，株主構成の変化が，管理職を含む組織全体に変化に取り組むための納得感をもたらす動機づけ要因となる可能性を示している。

他の動機づけ要因としてCummings and Worley（2009）が指摘するのが，

外部環境の変化である。最も強い動機になりうるのは，組織の存続の危機である。あるいは法令に反すること，市場での優位性を失うことなども挙げられる。存続の危機，法令への準拠は認識が容易であるが，競争優位を失うリスクは漸進的に生じることも多いため，直接市場に接することの少ない大企業組織の上位役職者ほど認識が遅れる可能性がある。本社の専門部門の管理者は上位役職者が社会的な変化に敏感になり変化に対応することの必要性を共有するよう，彼らが比較的多くの時間を割く業界他社の同様の立場にある役職者同士の会合などで，さまざまなパースペクティブに触れ情報収集に努めてもらうようにする必要がある。上位役職者，特にトップマネジメントが変化に向けて動機づけを強めコミットメントを高めることは，後述するように，管理職の行動を引き出す上で重要である。

　管理職の動機づけについてCasperら（2004）は，代表的な動機づけ理論の1つである期待理論（Vroom, 1964）と，第5章で取り上げた計画的行動理論（Ajzen, 1985）を組み合わせた概念モデルを提示しているのでこれを取り上げる。期待理論は，目標を達成する可能性がある複数の選択肢のうちどの行動が発現するかは，どの行動が最も望ましい結果をもたらすかという期待に依存すると考えており，その期待は主観的確率（expectancy），手段性（instrumentality），誘意性（valence）の3要素の関数として示される。主観的確率とは，ある行動が一次的な結果をもたらす主観的な確率のことで，具体的にはその結果がもたらされるために必要な努力の量（たとえば労働時間の長さや職務の関与の高さなど）と言い換えられる。手段性はある行動によって生じる一次的な結果が最終的な結果に役立つ程度，誘意性は達成すべき目標，あるいは最終的にもたらされる結果の魅力度を示す。

　Casperら（2004）によると，部下が制度を利用することの影響，すなわち手段性についての管理職の知覚，具体的には，部下による両立支援制度の利用が，彼・彼女らの離職率や欠勤率を低くする，またはモラルやパフォーマンスを高めると感じていることが特に管理職の部下への支援行動を高めていた。また，子供をもつ従業員の比率が高い職場の管理職は，そうでない職場の管理職よりも，育児支援の手段性が高いと感じる場合に，部下への支援行動が高まる

という，職場環境と手段性の交互作用も確認された。

　さらに，管理職が企業の制度をよく認知している場合に部下への支援行動が高まることも確認された。また管理職行動に影響する諸施策の認知や手段性への知覚の高まりは，管理職による施策の推進によって導かれるという相互作用も認められた。

　これらの結果を踏まえると，組織が管理職からHRM，特にダイバーシティ・マネジメントに関する行動を引き出すには，管理職に対するHRMとして，ダイバーシティ・マネジメントに関連する諸制度への認知を高める必要性と，情報提供の際にはそれら制度の適用が管理職の管轄する組織にもたらすメリットにフォーカスすることが必要であると指摘することができよう。このような観点から管理職研修はそれらの認知を高める管理職の行動変容を引き出す上で有効な手段であると考えられるが，その具体的な内容は3で取り上げる。

②　ビジョンや理念の創造

　「ビジョンや理念の創造」は，社外から取り入れた新たな価値を，その企業が従来からもつビジョンや理念の中に取り入れて一体化させ，その企業独自の新たなビジョンや理念として組織内外に示すことを意味している。なお，検討する際に重要なのは，これまで組織やその構成員を日々の業務に向かわせてきた企業のコアバリューの維持である（Cummings and Worley, 2009）。新たな価値であっても，それが企業の従来から重視してきた存在意義の中に取り入れられ一体化して示されることで組織としての連続性や一体感が保たれ，組織成員が新たな価値を受容することを容易にする。またこのように慎重に検討されたビジョンや理念は，組織外部のさまざまなステークホルダーからの企業評価も高める（Collins and Porras, 2005）。

　ダイバーシティに関するビジョンや理念を明確にし，従来からの組織のビジョンや理念と一体化して示すことの意味は，その組織がダイバーシティ・マネジメントが向かう方向性と到達点（ゴール）を明らかに示すことでもある。前述の期待理論を踏まえれば，達成すべき目標，あるいは最終的にもたらされる結果の魅力度・価値，すなわち「誘意性」を示すことである。この魅力度が

高くなければ管理職に対する動機づけは高まらない。

　こうしたビジョンや理念は経営戦略の中にも反映されることが求められる。それによってダイバーシティ・マネジメントに取り組む目的（依拠するパースペクティブ）や方法（アプローチ）を明示的に組織内外に示すことができる。本書の第2章はダイバーシティの複数のパースペクティブの存在（大別すれば，法への準拠など組織の正当性を確保する理由と，取り組むことで成果がもたらされるという理由の2つ）を，第4章はそれを実現する複数のアプローチの存在（大別すれば，従業員の属性の違いによる差を意識し排除する（identity-blinded）アプローチと，属性がもたらす違いに配慮する（identity-conscious）アプローチの2つがある）を示していて，これらの複雑性が，管理職が取るべき行動を不明瞭にし，ダイバーシティ・マネジメントの運用を適切に行うことを難しくしている面があると述べているが，ビジョンや理念が示され，それが経営戦略の中に具現化することで，管理職が取るべき行動の指針となるであろう。複数のパースペクティブやアプローチの存在やその意味理解（翻訳）を各管理職に委ねていては，組織の意図にそったダイバーシティ・マネジメント行動を管理職に求めることは難しい。

　これらビジョンや理念が経営戦略にも反映されることの機能についてさらに到達地点の設定，経営者のコミットメントを増加させる，という2点から検討する。

　まず，到達地点の設定についてであるが，ダイバーシティ・マネジメントに取り組むビジョンや理念が経営戦略に溶け込み，目的（パースペクティブ）や方法（アプローチ）が明示されることで，取組みの最終的な目標や一定の期間ごとの中間目標（マイルストーン），そこに至る道筋が明示されることになろう。目標や中間目標が具体化されることで，組織ごとに現状との差が認識され，達成に向けた具体的な取組内容やプロセスが明らかとなる。また，目標や中間目標が示されれば，進捗評価（アセスメント）やフィードバック，それらを踏まえた組織内の対話や管理職自身の内省も可能となって，管理職の行動を推進することにつながるだろう（Cummings and Worley, 2009）。

　さらに，経営戦略と統合され，トップマネジメントのダイバーシティ・マネ

ジメントに対するコミットメントが増加することを通じても管理職の行動が引き出されやすくなる。トップマネジメントが承認を与え，彼らのコミットメントが示されれば，目標—アセスメント—フィードバックという連鎖的なプロセスが強固になって，報酬など他の人事サブシステムに反映される可能性が高まり，インセンティブとしての側面を強める可能性がある。

③　（ポリティカルな手法を用いた）サポートの取り付け

　組織の変化の意思決定とそのプロセスをマネジメントする視点として図表6-1に示される要素のうち「変化への動機づけ」,「ビジョンや理念の創造」を見てきた。組織の意思決定の内容を「ダイバーシティ・マネジメントの導入」とし，人的資源管理施策の決定から実行までのプロセスを示した図表4-3（第4章）になぞらえると，これら2つの内容は，第1段階（施策導入の決断）および第2段階（人的資源施策の質）に相当すると考えることができよう。いずれも本社で行われる決定であることに対し，ここで扱う「（ポリティカルな手法を用いた）サポートの取り付け」は，図表4-3でいえば，第3段階（管理職が施策の実行を決断）および第4段階（管理職が自ら実施する内容を決定），すなわち管理職による実践へとプロセスが移行するその端緒に相当しよう。「管理職のダイバーシティ・マネジメント行動を引き出す」ことを扱う本章にとって，本社の意思決定をいかに現場の管理職に波及させるかを扱うこの視点は，特に注目に値しよう。

　「（ポリティカルな手法を用いた）サポートの取り付け」の内容としてCummings and Worley（2009）が述べるのは，組織の変化の動きを軌道に乗せるために十分な範囲（critical mass）の管理職に影響を与えるためのポリティカル・パワーの獲得と，それを用いた戦略，の両面である。取組みの中心的な推進者（change agent）に求められるのは，組織内に影響を及ぼすパワーを自ら獲得しつつ[3]，さらに組織内の資源や社会的ネットワーク（およびこのようなネットワーク上を流通する情報）に対して影響力を持つ複数のキー・パーソンを幅広い範囲で見極め，接近し，支持を取り付けること[4]である。

　このようにして獲得した現場の実践者（管理職）に対する影響力を用いた戦

略としては，対象者＝管理職に対して①直接働きかける，②公式な制度を用い
て働きかける，③社内の社会的ネットワークを用いて働きかける，の３つ手段
が考えられる。ダイバーシティ・マネジメントを行うことを想定すれば①は必
要性やメリットをデータ等に基づいて訴求する，②は権限委譲―忠実な行動
（分析型の基本的管理職行動）という公式な関係性をもとに，制度や規定に基
づいた意思決定や行動を訴求する，③は創発型の管理職行動を想定し，支持を
取り付けた垂直関係の上位にある上司，上司の上司，経営トップ，水平関係に
ある他部門の同僚などを結束・連携させ，連合体を形成し，そのような関係性
を用いて，他の関連の動きをしている管理職達に公式・非公式に接触し，連携
に巻き込む，という戦略と捉えられる。

　こうした戦略をとるにあたって経営（CEOや上級管理職）から資源や支持
を引き出すことの重要性や，社会的ネットワークの有用性については２で改め
て取り上げる。

⑶　組織風土の構築を支援して行動を引き出す

　ダイバーシティ・マネジメントの重要なツールの１つである組織風土につい
て第４章では，主にインクルーシブ風土が取りあげられた。ダイバーシティ風
土が，所属組織がすべての従業員を公平に扱おうとする取組みの程度に対する
従業員の認知であるのに対し，インクルーシブ風土は，異なるアイデンティ
ティを持つ従業員が自らのアイデンティティに即して行動することが許容され
るという期待や規範に関する集合的な認知（第４章）とされ，ダイバーシ
ティ・マネジメントに対して整合的な内容である。

　ここでは，インクルーシブな風土とは対極にある，従業員間の情報共有，特
に垂直方向（上方）に向かう情報の流れに滞りが生じる，一部の主流派および
メンバーのみが意思決定を行い，それ以外の人はただ従うのみという沈黙状態
にあるなどの組織の状況（organizational science）をまず取り上げる。どのよ
うな組織の特徴や構造が沈黙を強いるのかを確認することで，逆説的に，組織
としてどのような要因を取り除くことが，インクルーシブ風土を構築する基礎
を提供できるようになるかを検討する。

　①トップマネジメントチームの特徴，②組織と環境の特徴，③従業員の特徴，という3つの外見上の特徴と，④トップマネジメント層の信念，⑤組織の構造と方針，加えて⑥組織の管理の実践，という施策を含めた6項目から問題の構造を指摘したMorrison and Milliken（2000）のモデルを図表6-2に示す。

図表6-2　沈黙する組織状態をもたらすダイナミクス

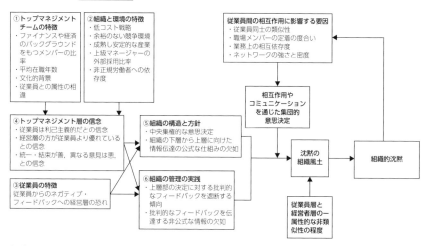

出所：Morrison and Milliken（2000）より

　トップマネジメントチームの特徴は，特定分野出身のメンバーの比率が高いこと，メンバーの平均在職年数が長く固定化していること，特定の文化的背景に偏っていること，そして従業員の（多様な）属性の構成比を反映しない偏りのある構成比率が特徴である。

　組織と環境の要因としては，コスト競争力を重視した企業戦略，ゆとりがなく厳しい経営環境，成長余地が小さい成熟産業，上部マネージャーの外部からの登用，非正規労働者への依存，などが挙げられている。

　このような特徴を反映してトップマネジメント層の信念は，従業員は利己主義的であって，何が組織にとって最良であるかを知るのは役員だけ，また全体の意見は協調的であることが善であり，異なる意見があってはならない，というものとなる。

こうしたトップマネジメント層の信念と合わせ，経営者は従業員の意見（フィードバック）を聞こうとしていないと感じる従業員の存在が，一部の上層部による中央集権的な意思決定の仕組みと，ボトムアップで情報を吸い上げる方針を持たない組織構造をもたらし，同時に，上層部の決定に対して，非公式であっても異なる意見や批判を述べることのない管理の実践を生む。

これらの組織構造・方針や管理の実践を，社員同士の類似性の高さ，個人間・部署間の業務の依存性の低さ，従業員間の密接なコミュニケーションの欠如などの要因が集団的な意思決定を経て調整変数となって，沈黙の組織風土を強めることとなる。

逆説的に言えば，組織レベルにおいては以上のような要因を取り除くことで，組織の沈黙状態を強める循環を断つことができるだろう。

その上で，それぞれの職場におけるインクルーシブな風土の構築であるが，Shoreら（2011）は，インクルーシブとは1人ひとりの構成員（個人）が組織への帰属（belongingness）と独自性の尊重（uniqueness）の双方に満足を感じている状況を通じて，職場のメンバーとして価値を認識していること（第5章）と述べ，そのためにそれぞれの職場（ワーキング・チーム）で構成員の「帰属」に関する満足と，「独自性」に関する満足が満たされる状況が実現されることが必要であることを述べている。

管理職が取り得る帰属意識を高める行動としては，チーム内での情報の共有，チームの意思決定へ参画を求めること，個々人の意見への傾聴，福利厚生などについての等しい利用可能性を提供することなどである（Shoresら，2011）。独自性（uniqueness）に関する行動としては個々人が持つ異なるアイデンティの尊重が求められている。

2　管理職の行動に影響を与える組織内部の情報の流れ

(1)　新たな価値の翻訳者としての管理職

1では，本社HR専門部門の管理者や経営者（CEOや上級管理者）によって

決められた施策を，現場の管理職自らが確実に実行し，さらに部下に対しても決められたことを実行するよう求める能率指向型の基本的な政策実行プロセスを想定した。その想定のもとで管理職に必要な行動と，それをいかに引き出すかを中心に検討した。

　企業環境が安定的な場合には，このような分析型の基本的管理職行動が企業戦略の実践方法として有効である一方で，変化が激しく不確実な場合には，企業の戦略に沿いつつもそれを環境に応じて創造的に翻訳し，時には自部門のレベルでの戦略を構想する創発型の管理職行動が必要となろう。

　本節では，前節(2)で「管理職が組織から期待される行動をとらない理由」の３点目として指摘した「管理職が自らの信念を反映させ，組織による価値の導入や施策の実施の意図を変化させる課題」について，翻訳理論（translation theory）を念頭におきつつ検討する。管理職は取るべき行動を決定する際，独自に収集した情報をもとに意思決定するであろうことを前提に，組織はどのような点に留意し情報提供を行えば，組織の意図に沿った行動を管理職から引き出すことができるか，という問いについての検討である。

　翻訳理論は，外部から獲得した新たな価値やアイディアを組織に取り入れ，自らの組織に合う形に同化させて活用を図る過程を，価値の翻訳過程と捉える。

　先ほどの，「（ダイバーシティ・マネジメントの導入と施策の決定に関する）組織の意図を管理職が変化させる」課題を翻訳理論に沿って捉えれば，①新しい任務を受け入れるのかあるいは抵抗するのか，また受け入れる決定をした場合には，②どの程度，管理職自身の努力を振り分けるか，という２段階の意思決定として示される。これは第１節で引用したHRM施策の決定−実行プロセスのうち，①が第３段階（管理職の運用に関する意思決定），②が第４段階（管理職の運用の質の決定）に相当するだろう。

　それぞれの管理職がこのような意思決定プロセスの各段階において，判断を行うために必要な情報は，どのようなルートを通して収集されるだろうか。この節では，組織が公式に設定する目標と戦略とに基本的には沿いながらも，自部門の組織や環境に応じて独自の課題（アジェンダ）設定を行ったり，それを達成するため独自に必要な情報を収集したりする企業家的な管理職を想定する。

組織がこのような管理職から行動を引き出そうとするには，管理職が構築する
非公式のさまざまな情報ルートを通じて情報を届けることが有効であろう。翻
訳理論にもとづく管理職の意思決定プロセスに関する先行研究をレビューした
Radaelli and Sitton-Kent（2016）を参考にしながら，管理職が自ら築く独自の
情報ネットワークの情報の流れに着目し，垂直方向（上方から），垂直方向
（下方から），水平方向（同じ組織階層間），のルートを想定し，それらの情報
が管理職の意思決定に与える影響を順に見ていき，どのような情報の伝わり方
が有効と考えられるかを検討する。

⑵　垂直方向（上方）からの情報の流れ

　まず，垂直関係を通じて，上方から情報を得るルートについて検討する。管
理職は，意思決定を行う際，組織の公式な命令や正式なルートを通じて得られ
る情報に不足があれば，自らのさまざまな情報ソースを動員して情報を得よう
とする。部下の日々の業務の状況から得られる情報，顧客から得られるマー
ケットに関する情報，他の組織の事例，科学的根拠をもつ報告書やデータベー
ス，ガイドライン，なども情報源となる。しかし最も多く情報を得ようとする
のは，公式，非公式にかかわらずやはり垂直関係の上方にあるトップマネジメ
ントからである（Dutton et al., 1997, 2002；Mantere, 2008；Ogbonna and
Wilkinson, 2003）。

　トップマネジメントからの情報は，戦略や計画についての公式な発表はもち
ろんのこと，それ以外の非公式な行動を観察して得られる彼らの時間配分に関
する，微妙だがシンボリックな情報や，あるいは経営者との個人的な接触で得
られる，彼らの期待といった認知レベルの情報なども含まれる。経営者の時間
配分には，表面的にはAが重要だと言っていても，実際にはBを最も気にして
いる，などの情報が含まれるし，言動に不一致があると認識されれば，管理職
の認知を通じて行動に影響する（Dutton and Ashford, 1993；金井，2004）。
トップマネジメントが示す意向は，将来の組織の意思決定を推測する最初の糸
口となるし，トップマネジメントが管理職に対して個人的に示す期待は，その
管理職がどの程度組織の中心的なメンバーに位置づけられているかを示す目安

ともなる。

　Mantere（2008）も，トップマネジメントの期待が管理職の意思決定に影響を及ぼすとし，特に次のような条件の下でその影響が大きいとしている。まずは，①戦略に関する組織的な意思決定の中に公式に組み込まれることである。それは管理職の新しい役割への期待に関する公式なシグナルとなる（Ahearne et al., 2014；Barton and Ambrosini, 2013）。さらに②トップマネジメントが，管理職が取り組むべき新たな領域や役割について社会的な意義づけをすること（Barton and Ambrosini, 2013；Burgess et al., 2015），③トップマネジメントが他の関連する取組みの内容と合わせて提示すること，である。たとえば管理職が新たな領域や役割に取り組むために経済的・人的・組織的な資源の割り当てを行うことや，焦点となる施策を実施する上での障害に対処する方針を示すこと，批判や抵抗を減じる取組み，業務の見直し，研修や教育機会の提供，新たな規範を構築することなど（Burgess and Currie, 2013）を行うと示すことである。加えて，④管理職が意見を述べる場の確保など，変化に向けた一連の取組みに，管理職の参加を担保し，管理職が公平だと感じるプロセス（手続的公平（procedural justice））が確保されていること（Barton and Ambrosini, 2013）なども必要である。

　組織に新たな価値を取り入れ，管理職の行動を引き出し，組織に定着させるために，組織のトップマネジメントは，自らが果たす情報伝達機能を認識した行動を取ることが求められる。また導入される施策間には整合性が求められていて，それらは束（bundle）となることでメッセージ性を強め組織成員に情報を伝達する。組織はそのような点を踏まえ施策を立案，伝達し実行することが必要となる。

⑶　垂直方向（下方）からの情報の流れ

　企業の組織構造を，小集団の階層的連鎖による多元的重複集団構造と捉えた時，管理職には，それらシステム内小集団の階層間を結び付ける連結ピンとしての機能（linking pin function）がある（Likert, 1961）。組織内の情報の流れを捉える場合，上位の管理者が発する命令や権限の委譲だけでみることには限

界があり，実際には下方から上方への情報や影響力行使の流れがあるとする考えである。

　特に，組織を取り巻く環境が可変的であって，その変化が大きく速いほど，このような下方からの情報の流れが重要になる。Floyd and Lane（2000）は，現場が捕捉する変化のうち，局地的・一時的なものでなく構造的であって，組織全体に及ぶことが想定されたり，長期的に企業の競争力を弱めることにつながったりするような重要な変化である場合には，ミクロのレベルで捉えた変化を組織のコンピタンスや戦略の見直しにつなげる，下方から上方へ，という情報の流れも重要であると述べている（図表6-3）。環境変化に対し，戦略や必要なコンピタンスの修正で対応可能な場合は，上方からの指示が重要であるが，全く新たな戦略やコンピタンスの開発，ルーティンの全面的な見直しが必要となる場合にはむしろ，現場の変化に即した対応と経験を中間層が主導して統合した情報が上層部に伝えられ，マクロレベルの情報と合わせてトップマネジメントが変更を決断（または批准）するプロセスが必要となる。組織は，日常的に市場に接する現場を通じても，外部の新しい情報を取得し内部化すること，そのスピードを高めることが組織の新たな競争戦略になりつつある。

　なお，管理職の取るダイバーシティ・マネジメント行動には，組織全体や自部門の文化的特徴や，部下の態度との間に相互関係が認められている（Huy，2010）。4でも述べるように，管理職のリーダーシップ行動は部下の態度や行動に影響するが，その反対に，部下の状況が管理職の態度に影響を与える下方から上方への影響があることも指摘されている（Dierendonckら，2004）。4で課題としても指摘するが，部下の認識や理解，態度が管理職に影響を与える上方への影響があることを考慮すれば，管理職の行動を変えるには組織階層では下方に位置する部下に着目することも必要であろう。部下を対象に，いかにして上司に影響を与えるか，という観点から上司に対するコミュニケーションの方法について学ぶ機会を提供することなども，管理職からダイバーシティ・マネジメント行動を引き出す上で有効となる可能性がある。

図表6-3 各層のマネジメントの役割と情報の流れ，戦略見直しのプロセス

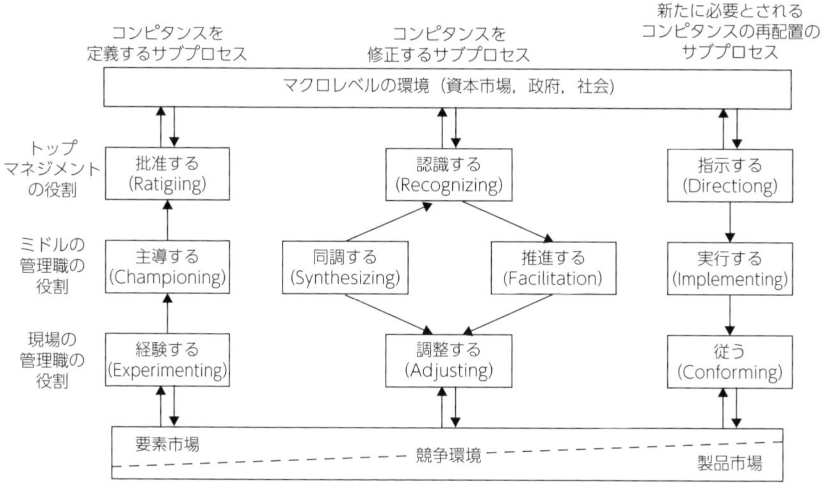

出所：Floyd and Lane（2000）p.160

⑷　水平方向からの情報の流れ

　Burns（1957）は，組織内の他集団との関係性（lateral relations）の中で生じる水平方向の情報の循環回路が，管理職に，より速やかな情報をもたらすと指摘している。工場を対象にした彼の観察によれば，管理職にとって上位の管理者から発せられた指令・命令の大半は単なる情報提供もしくは助言と受け止められる一方で，同じ組織階層の管理者間でもたらされる水平方向の情報は，より速やかに広まり，管理職の意思決定や実践に影響を与えるという。

　Ren and Guo（2011）は，組織の境界に位置し外部と接する管理職は，組織の垂直方向の情報の流れの起点となり得る（連結ピン機能）ことに加え，水平方向のさまざまな主体との間で情報の結節点となって，新たな価値を受け入れる上で重要な役割を果たすことを指摘している。

　このような他部門の同僚との水平関係の接触は，変化が大きい不安定な環境にあるほど頻繁に見られるという。また，管理職の業務（タスク）が，他部門や外部に依存する程度（タスク依存性）が高いほど，下から上へ，および水平

方向の情報の流れが活発になる。タスク依存性とは，その業務の遂行にあたり，直接な指揮・権限関係にない相手から情報や資源など，何らかの支持を必要とする程度であるので，タスク依存性が高い管理職が，自らが管理する部門の上位階層や，他部門，社会などとの接触の機会が増えるのは自然なことである。

　このような組織内の水平方向でやりとりされる情報伝達の速さや有効性を踏まえれば，組織が，管理職からダイバーシティ・マネジメント行動を引き出す1つの手段として，意識的に組織内同階層の管理職間の情報交換の場を設定することは，有効であると考えられる。管理職研修などの機会に情報や経験の共有を促すことで管理職に内省をもたらし，積極的な意思決定や行動をとる方向に向けて影響を及ぼすことが期待される。

⑸　管理職の意思決定

　これまで見てきたように管理職は組織の中のさまざまな層にアクセス可能で，自らに不足する資源をあらゆる方向から調達することができる立場に置かれている。管理職はこれら独自の情報ネットワークを通じ，社内に分散した情報を得て統合し，自身が取るべき行動に関して意思決定をする[5]。

　ダイバーシティ・マネジメントの実践に関しても，このようにさまざまなルートを通じて収集した情報をもとに，組織上方から要請されるダイバーシティ・マネジメント行動の意味理解（翻訳）を行い意思決定する。翻訳理論を踏まえれば，これらの情報をもとにした管理職のダイバーシティ・マネジメントの実践に関する意思決定プロセスは前述のとおり，ダイバーシティ・マネジメント行動を取ることを受け入れるか拒否するか，受け入れる場合，どの程度リソースを導入し，実践するかの2段階の判断となる。

　このような管理職の翻訳過程に関する先行研究をレビューしたRadaelli and Sitton-Kent（2016）は，管理職が組織によって新しく示された価値を受け入れるか否かについて，①自分自身がどの程度賛同できるかの判断，②組織的・社会的文脈からの判断，③受け入れる際どのように自らのアイデンティに統合するかという判断，の3点によって決定するという。

　①は新しい役割を引き受けた結果もたらされる成果や自分自身の制御可能性，

また新しい役割自体の価値が判断基準となる。②はトップマネジメントの意向（Raes et al., 2011），市場がどのように評価するか，社内で他に役割を担う人の説明，社会文化的な状況についての知識などが判断基準となる。③については自分自身の関心の度合いや自らのアイデンティとの折り合いなどが判断基準となる。

　ここで，受け入れる，あるいは抵抗するという判断を促進する要因について見てみよう。まず受入れについては，新たな役割に取り組むことで得られる成果が明確であること（Guth and MacMillan, 1986），自身の関心や信念と融和的であること（Behres and Ernst, 2014）が指摘されている。一方抵抗の判断を促進する要因としては，成功がもたらされる確率は低いと感じること（Dutton et al., 2002），取組み主体の組織内での政治的な基盤が脆弱なこと（Ashford et al., 1998），スキルや技能低下の恐れ，（Llewellyn, 2001.），それ以外の活動の制約となること（Conway and Monks, 2011）などである。

　ダイバーシティ・マネジメントへの取組みについての管理職の意思決定は，管理職自身の信念に影響されやすいことは第4章，第5章で指摘した。性別に対するステレオタイプや仕事専念スキームなどの個人的な信念が，管理職としての判断に影響する可能性の指摘である。しかし組織のビジョンや理念，社会的・文脈的な必要性や，もたらされる成果が明確にされ，意味理解が進むことは，このような個人的信念の発現を抑制する可能性がある。

　ダイバーシティ・マネジメントに取り組む決定をした後，管理職は実際にどのような行動を取るか，という翻訳の内容については①複写（copying），②追加（adding），③削除（omitting），④変更（altering）の4類型があるとされている。しかしこれら翻訳ルールに関する研究のほとんどが組織の翻訳過程を対象にしたものであり，個々の管理職がどのような場合にどのルールに従う傾向があるかは明らかにされていない。なお，管理職が行った意味理解を，さらに部下に伝えるにあたっては，管理する部門の中に埋め込まれている価値や関心を見極めながら，彼らの部門に受け入れやすいポジティブな要因に関連づけた説明や，部門のメンバーに許容される範囲の修辞句，刺激的な比喩を用いるなどの戦術があることが指摘されている（Rouleau, 2005）。

このように考えると，管理職の行動の質の決定にあたっては，組織による変化への動機づけやビジョンや理念の創造・政治的な手法を用いるなどの変化のマネジメント（本章1参照）に加え組織内の情報流通のシステム化が重要なことが改めて確認される。特に情報の伝達ルートのうち課題の当事者間で行われる対話（情報共有や相互作用）の重要性が指摘されていることから，組織が管理職からダイバーシティ・マネジメント行動を引き出すためには，組織内の全方位的な情報流通のシステムの構築・整備を意図しつつ，一貫した情報の提供を行うことが必要であろう。

3 管理職を対象とする育成と研修

⑴ 管理職のリーダーシップを育成する

　管理職が組織から期待される行動をとらない理由の1つに，その役割を果たすために必要なコンピテンシーやスキルの不足があることが第1節で指摘された。ここでは実践的な立場から，ダイバーシティ・マネジメントを担う管理職に必要なリーダーシップの育成と部下支援行動を促進する研修・トレーニングについて具体的な検討を行う。

　まず，管理職のダイバーティ・マネジメントに必要な管理職のリーダーシップとその育成について述べていく。

　ダイバーシティ・マネジメントにおけるリーダーシップの重要性は主に第4章に詳しい。リーダーシップは，直接部下に影響を与えるだけでなく，部下や他の施策（HRMや組織風土）との相互作用を通じても，部下の心理状況や職場の成果に影響を及ぼしうる。

　ヒエラルキーを前提とする「上司 – 部下」という権限関係に基づくリーダーシップから，「リーダー – フォロワー」という関係性の中で発揮される対人影響力，特に近年は，フォロワー個々の価値観や尊厳を高めるようなリーダーシップのあり方が注目されている（第4章）。こうしたリーダーとフォロワーが相互に及ぼす影響（相互作用）は，トランザクショナル・リーダーシップと

トランスフォーメーショナル（変革型）・リーダーシップの2つが対比的に論じられている（Bass, 1985）。トランザクショナル・リーダーシップとは何らかの報酬との取引関係を基にする打算的なリーダーシップであり，トランスフォーメーショナル（変革型）・リーダーシップとは共通の目的のために複数の他者を支援してより高いレベルの動機と道徳性に引き上げるよう関与するリーダーシップである。このうちダイバーシティ・マネジメントに整合的なのは，後者のトランスフォーメーショナル型のリーダーシップである。この点も第4章が詳しい。Bass（1978）はトランスフォーメーショナル・リーダーシップに関わる因子として，個別への配慮（リーダーは部下に対して育成的で個別志向），知的刺激（問題解決能力），カリスマティック・リーダーシップなどを挙げている。

　このようなリーダーシップは育成されうるのだろうか。トランスフォーメーショナル・リーダーシップに限定されたものではないが，リーダーシップ開発に関する代表的な研究であるMaCauleyら（1998）は，リーダーシップは，①成長を促す経験，②能力開発過程（組織的コンテクスト）によって開発され，育成されるという。

　なお，①の成長を促す経験は，(a)アセスメント，(b)チャレンジ，(c)サポート，の3項目から，②の能力開発過程は，(d)学ぶ能力，(e)成長を促すさまざまな経験，の2項目からなり，これらが相互に作用しあってリーダーシップは開発されるとの立場を取っている。

　「成長を促すさまざまな経験」を軸に詳しく見てみると，そこにはプロジェクトチームへの参加，悲惨な部門・業務の事態改善・再構築，新規事業・新市場開発のゼロからの立ち上げなど「量子学的な跳躍（quantum leap experience）」を遂げた経験，また自己効力感やアイデンティティなどの喪失を伴う「修羅場」の経験が含まれるという（MaCauleyら，1998）。何らかの喪失を伴う修羅場経験は，自らの限界を受け入れ，自己変革の努力を引き出すことにつながるが，その段階に至るには組織や管理職の組織的なサポートが欠かせない。高いレベルの努力を要するストレッチした任務に仮に失敗しても罰せられない仕組みを作ることや，困難な課題への取組みそれ自体は評価し，その

ような経験を回避しないようにすること，これらの取組みを組織としてシステム化することが重要である。

　他者の育成を手がけることがリーダーシップ開発につながるとの主張もある。「リーダーを育成するリーダー（leader-developing leader）」になることが，リーダー自身の能力開発に繋がる（Tichy and Cohen, 1997），組織内で他者を教えることがマネージャーの学習を促す（Cortese, 2005）などである。具体的にたとえば松尾（2013）を見てみよう。指導上問題のある若手社員を育成する経験は管理職自身の成長につながりうるとして，そのような部下の育成能力に定評のある管理職の指導には，①具体的指導，②ファシリテーション，③励ましなど，コーチング行動との共通性が見出せるとしている。

図表6-4 | コーチング VS アドバイス，コントロール，操作

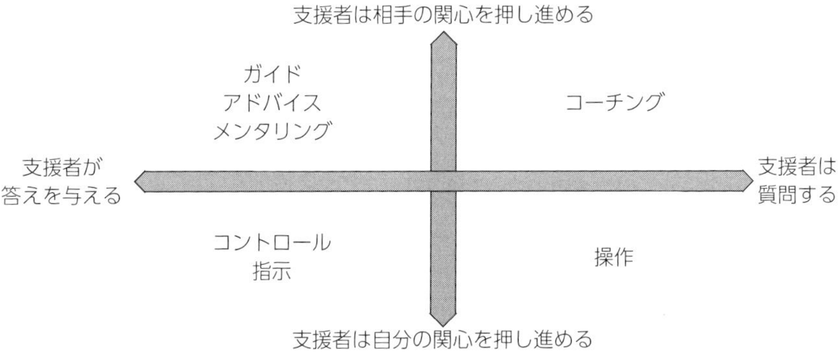

出所：Berg and Karlsen（2007）より作成。

　コーチングとは，人のタスク遂行を助けること（Hackman and Wageman, 2005）である。業績の改善を目的に，1対1の形で個別にフィードバックを提供し（Heslin et al., 2006），日々のかかわりあいの中で，個人が有効なスキルや行動を獲得することを支援する。他者が自分の関心を押しつけ答えを示す「コントロール・指示」などの指導に対し，「コーチング」は，質問をすること

で個人の関心を促し回答を引き出す（Berg and Karlsen, 2007）。有効なスキルや知識が明確でないオープンタスク型の業務が増加する職場で，自ら考え学ぶ能力（learn–how）を獲得させる育成方法として注目されている。組織成員の多様性が進む職場でのダイバーシティ・マネジメントにおいても，従来の命令や指示に代わる職場管理の方法として，多様な部下と対話的なコミュニケーションを行い影響力を及ぼしていくこのような方法は有効であろう。

　コーチングのスキルはOFF-JTや職場での実践により獲得・向上が可能であることから，管理職研修にも取り入れられるようになっている。管理職が良いコーチであるためには育成に欠かせないチャレンジを部下に促し，アセスメントとサポートを提供することに優れている必要があるが，管理職のこのような意識やスキルの開発をサポートしアセスメントを行う，組織としてシステム化されたリーダーシップ開発の取組みの構築が，この場面でも求められる。

　上記のようなリーダーシップの役割とプロセスを効果的なものにするための組織的な育成の仕組みとして，管理職が部下育成に資源を割くことが評価や報酬につながりうる，他の人事管理のサブシステムと連携する仕組みの構築も，組織に求められている。

⑵　管理職の部下支援行動を促進する

　ダイバーシティ・マネジメントを担う上で必要な管理職のスキルやコンピテンシーが不足するとの課題について，上記リーダーシップに続き，ここでは部下支援行動と，それを促進する研修やトレーニングのあり方を取り上げる。FSSB（Family Supportive Supervisory Behavior：管理職の家族支援的な行動）の促進を目的とする管理職研修と職場介入プログラムを論じたHammer et al.,（2010）を参照しつつ検討を進める。

　なおFSSBとは，部下の家族上の役割を支援する管理職行動であり，ダイバーシティ・マネジメントの一環である従業員のWLBの実現に向けて行われる。知覚された組織サポート（perceived organizational support）の一形態である。詳細は第5章を参照いただきたい。この小節では，ダイバーシティ・マネジメントを運営する管理職に期待される新たな役割である部下支援行動の一

部として位置づける。

　まずは研修を取り上げる。職場外で実施されるOFF-JTとしての研修は，一定レベルの具体的な知識や事実，スキルを獲得する上で効率的である。さらに，企業が管理職を対象に，たとえばFSSBに関する研修を提供するということ自体，企業が組織成員の両立支援に価値を置いていることを示すシグナルとしても価値を持つ（Hammer et al., 2010）。

　ただし，管理職の実践を促すという観点からは，OFF-JT研修の実施のみでは効果は薄い。研修で得た知識を実践に転換するためのモチベーションの醸成や，実際の行動を促し支援することを目的とする職場介入プログラムなどの一連の取組みの一部（導入部分）として，OFF-JT研修が設計されることが効果を確保するためには必要である。

　ダイバーシティ・マネジメントに関するOFF-JT研修の内容は，これまでの議論を踏まえれば，その取組みの必要性や社会的背景，企業が目指すダイバーシティ実現のビジョンやダイバーシティのパースペクティブ，現状や到達点およびマイルストーン，ダイバーシティ・マネジメントとして管理職に求められる行動の具体的内容，ダイバーシティ・マネジメントの実践が職場および管理職本人にもたらす効果や利点，企業の支援，トップマネジメントのコミットメントの程度，などを含むことが必要となろう。

　安全衛生に関する事項の職場実践を目的に行われた研修の効果測定研究をメタ分析したBurke et al. (2006) は，研修実施後に実践への移行が見られる研修とは，講師や他の受講者とのインタラクティブなやり取りが行われる参加型の研修であると指摘する。研修への受講者の参加度を「低（テキストをベースに行われる研修）」，「中（フィードバックを伴うe-ラーニングなどの研修),」「高（対話式で行われるインタラクティブな研修)」の3つに区分して比較すれば，高参加度の研修に最も高い効果が見られた。研修後の実践に目的を置くダイバーシティ・マネジメント研修も同様に，実践を意図して設計される対話式の研修として実施されることが望ましいだろう。

　次いでトレーニングについてである。研修から実践への移行を促し，行動変容をもたらすトレーニングの設計方法の1つが，行動の自己モニタリングを含

む手法（behavioral self-monitoring processes）である。臨床医療の現場で患者の日常行動変容のために広く用いられている（Korotitsch and Nelson-Gray, 1999）。当事者に具体的な行動目標の設定を促した上で，自ら日常行動を観察し，記録し，評価することを繰り返すことで行動変容に結び付ける。

　管理職の日常行動の変容を促す上でも，このような自己モニタリングを含む手法は効果を発揮することが考えられる。

　日常的に部下に接する管理職を対象に，米国の実際の職場において職場介入プログラムとして実施されたこのような研修やトレーニングの設計・実践例を，次に見てみよう。

⑶　職場介入プログラム：米国の事例（実施内容）

　米国国立老化研究所（National Institute of Aging, NIA）の助成によりWFHN（The Work, Family & Health Network[6]）が実施する研修と職場介入プログラムおよび，それらに関する調査プロジェクトの一部を紹介する。NIAが管理職の部下マネジメントに関するプロジェクトを実施，研究するのは，前出FSSB（部下の家族としての役割を支援する管理職行動）が高齢者介護などを担う労働者のストレス軽減や心身の健康状態の改善につながりがあるからであり，それがひいてはケアを受ける被介護者である高齢者の状況改善に繋がると考えるからである。

　FSSBの理解と実践の促進に向けた管理職向けプログラムに取り組むHammar et al.（2011）は，職場で行われる管理職研修と職場介入プログラムの効果を，部下の心身の健康，職務満足，離転職意思を成果変数とし，計測している。

　ここで実施される管理職研修は，①e-ラーニングによる知識研修，②講師との対面式のグループ研修，さらに同意した管理職に対する③実践と自己モニタリングを含む職場介入プログラムの実施，によって構成される。

　各研修には研修効果を高める工夫がなされている。たとえば①eラーニングでは，個人の理解のペースに合わせて実施できること，小単元ごとに○×で回答する確認テスト（アセスメント）と結果のフィードバックを行い知識の定着

を図ること，また受講者の教育・知識水準にかかわらず理解が進むよう，視覚的に内容を捉えられる画像や動画を多用すること，親しみやすいキャラクターが画面上に登場して研修の進捗をナビゲートすることなどの工夫である。

　②のグループ研修は，事前にその職場で実施された部下への取材やインタビューをもとにした個々の調査結果を踏まえて設計される。管理職は自部門の部下のニーズや充足度を知ることができるし，また自分（上司）－部下間の認識の差（ズレ）や職場の課題も認識できるように工夫がなされている。さらに自部門の部下が両立制度を利用した場合のメリットと利用しなかった場合のデメリットに関する内容，職場の組織風土の重要性や，具体的な管理職が取るべき対応策などが盛り込まれていて，ダイバーシティ・マネジメントに関する手段性（ある行動により生じる一次的な結果が最終的な効果に役立つ程度）が認識されるよう構成されている。管理職が実際に直面するであろうケースとして，スケジュール調整時に生じるメンバー間の対立への対処方法や管理職の態度についてディスカッションやロールプレイングが行われる。研修の内容は一部ウェブサイトで公表されている[7]。

　任意参加で行われる③の研修は，管理職の行動変容を促すことを意図する職場介入プログラムである。管理職自らが行動目標を設定し，その目標に対して実際の職場で自己モニタリングを実施する。2～3週間，具体的に行動目標とした行動をとった回数を，管理職が自ら記録していく。目標としては，たとえば「（すべての）部下に話しかける」「自分の家族のことを何か話してみる」「部下の家族のことを何か尋ねてみる」「部下の仕事に対してポジティブなフィードバックを行う」「部下の仕事がうまくいくような提案を行う」「仕事のスケジューリングの改善提案を行う」などである。当初2～3日は日常行動を自己評価するため自然な状況を記録する。この結果がベースラインとなって，モニタリング期間内に達成すべき項目と実施回数の目標が設定される。当初は毎日0～1回であったことを，終了時には毎日2～3回にする，などが具体的な目標となる。このような方法をとることで，ほぼすべての管理職が目標を達成するという。モニタリング実施期間に達成した内容や効果的な行動・態度を理由とともに内省し，その後も継続することや，他部署の管理職と共有するな

どすることが，組織内に行動を定着させるためには効果的であろう。

⑷　職場介入プログラム：米国の事例（成果の概要）

　これら一連の研修等は複数の職場で実施され，いずれの場合も研修実施の前後のタイミングで，職場調査が行われた。事前調査は①の研修実施前，事後調査は③の研修終了から１カ月以内，また事前調査と事後調査の間の期間は９カ月以内に調整され実施された。

　事前・事後調査はそれぞれ上司と部下に対して実施され，これらの研修を行わなかった比較対象群（こちらも上司と部下を対象に実施）と比較された。

　同じチェーンの複数の食料品ストアで実施された管理職と職場メンバーへの事前事後調査の結果の概要を示せば，研修により管理職のFSSBは高まる傾向が見られ，管理職の行動変容について，管理職が研修を受講したグループでは一定の成果が見られた。また研修等を受講した管理職の部下は仕事の満足度が高く，仕事→家庭のワーク・ライフ・コンフリクトの水準が低く，心身の健康の状態が良好である傾向が見られた。また部下の家庭→仕事間コンフリクトが高い場合に，管理職研修の効果はより大きくなる相互作用が見られ，最も支援が必要な部下グループに効果があることが示された（Hammer et al., 2010）。

　このように職場における取組みの成果を示すことは，組織や管理職によるダイバーシティ・マネジメントの推進を後押しすることにつながるだろう。

4　今後の課題

⑴　本章のここまでの議論と残された課題

　1では管理職を，分析的戦略実行プロセスにおける施策の忠実な実行者と捉え，ダイバーシティ・マネジメント施策を実施するという行動を，いかに引き出すかを検討した。具体的には管理職が職場でHRM施策と組織風土構築に取り組むための本社部門の取組みとして，組織全体を動機づけること，ビジョンや理念を明確化すること，インクルーシブ風土を構築するため阻害要因を特定

しそれらを取り除くこと，などを中心に検討した。

2では，不確実な環境下で施策を実施する管理職を想定し，施策実施の意思決定にあたっては自ら必要な情報を独自のネットワークを通じて情報収集することを前提に，企業は管理職の意思決定に影響を与えるため，トップマネジメントを始めさまざまな情報ルートを通じて一貫した情報を提供することが必要であることを中心に検討した。

3では，企業のダイバーシティ・マネジメントの実践を担うために必要なスキルやコンピタンス，たとえばリーダーシップや，部下を管理する管理職行動を獲得するための育成や研修を紹介した。

本節では最後に，これらの議論を通じ課題として明らかになった，職場内部の相互作用に関する論点，および社会全体としての取組みの必要性について提示し，本書を閉じたい。

⑵ 職場での管理職と構成員との相互作用

まず1点目として，職場内部の相互作用の影響を取り上げたい。管理職と構成員（部下）という職場内の垂直的相互作用や，組織構造上同位に位置づけられる管理職間もしくは部署間の水平方向の相互作用など，ダイバーシティ・マネジメントに関わる主体者間にはさまざまな相互作用が生じうる可能性が指摘されている（Radaelli and Sitton-Kent, 2016）。

ダイバーシティ・マネジメントに限定せずにこうした組織内の上司 − 部下間および管理職間の相互作用に関する先行研究を見れば，たとえば，Dierendonckら（2004）は，管理職のリーダーシップ行動と部下のウェルビーイングを4時点で計測し，管理職のリーダーシップ行動が，部下のウェルビーイングに影響を与えると同時に，部下のウェルビーイングの状況が管理職の態度に影響を与える循環型のモデルが成立することを提示している。また，Huy（2011）は，通常は組織の決定に従い実行されるべき戦略について，管理職の個人的な信念や関心にそぐわない場合には実行されない可能性があること，ただしそのような場合でも，組織構成員の社会的アイデンティティに根差すチーム内で共有される感情（group-focus emotions）が存在する場合には，それを

考慮して戦略を実行するかどうかの判断が行われるケースがあることを指摘する。

　一方で，管理職間あるいは部署間の，業務を通じた相互行為や業務外の交流の蓄積などの関係性の影響も考えられる。たとえばGong and Cheung（2010）はチームレベルでの情緒的組織コミットメントや組織市民行動には，構成員1人ひとりの総計ではなく，チーム全体として管理職を中心に示されるレベルが存在すること，これらはHRMによって形成されたり，また組織全体の成果に対する緩衝要因となり得ることを示している。

　部署間のダイバーシティ・マネジメントの成果には通常ばらつきがでるが，そのような差は，管理職による取組み方の差だけでなく，部下の状況や，他部門との依存性など部門の状況が影響している可能性もある。組織内に存在するこのような多様な相互作用が明らかになれば，組織のダイバーシティ・マネジメントも新たに有効な施策を立案することが可能になるだろう。たとえば管理職同士の情報共有と内省の場の設定，部下に対する上司とのコミュニケーションスキル学習の機会の提供，職場の状況を把握し介入する形での具体的な管理職の意思決定・行動変革支援なども検討の対象になるのではないだろうか。またこれらの取組みはマネジメントの質の均質化や向上，相互支援行動にもつながる可能性が考えられる。

⑶　社会的な取組みの一層の推進

　管理職行動は，組織の風土や社会的要請など文脈的な要因から直接・間接的に影響を受けることが示されてきた。社会全体でダイバーシティやダイバーシティ・マネジメントのパースペクティブを示し共有することによって社会的な文脈的要因を厚くすることは重要なことである。特に人的・財政的リソースに限りがあり，個別の対応が難しい中小企業に対しては，行政が直接的に両立支援や働き方の見直しなど，ダイバーシティ・マネジメントにつながる研修の機会や教材，手段を提供していくことも必要であろう。

　前節で紹介した管理職研修が，米国では公的な支援のもとに，広い範囲で実施されていることにはいくつかの理由が考えられる。

　まず労働市場における労働者の多様性の進展である。人種などデモグラフィックな要素の多様化もあるが，仕事以外の生活の多様化も進展している。たとえば子育てをする労働者の内実も，離婚率の高まりにより男女双方でシングル・ペアレントが増加するなどの変化がある。高齢化の進展により親の介護に直面する労働者が増加しているし，親の介護と子育てとの両立に同時に取り組む，いわゆるダブル・ケアに直面する労働者も増加している。

　他方，仕事自体の多様化も生じている。知識やスキルを必要とする仕事の高度化が進む一方で，サービス業を中心に労働時間の細分化や不規則化が進み，家族とともに過ごす生活時間を確保することが困難な労働者も増加している。こうした労働者の雇用は短期契約で不安定であって賃金も低いことが多く，保障やサポートが得られにくい。

　このような労働者や仕事の多様化の進展は，職場内のコミュニケーションや相互理解を難しくし，同時に管理職の職場マネジメントも難しくしている。仕事と生活間のコンフリクトは身体的な状況にも悪影響が及び，社会的な影響も大きい。特にそれは保障やサポートが得られにくい層に現れることから，社会的な対応が必要とされる。

　社会的規範の醸成を図るという側面もある。企業の組織風土とともに，社会的な規範が変化していくことも重要なことである。ダイバーシティ・マネジメントの効果が見えやすい安定した雇用の職場だけでなく，社会全体にこのような規範が広まることが求められている。労働者からケアを受ける人々のウェルビーイングへの波及も考慮に入れれば，社会全体で取り組むべき課題といえるだろう。

⑷　おわりに

　最後に，今後のダイバーシティ・マネジメントが進む方向性を考慮しながら，本章全体を振り返り，その課題について考える。

　企業のダイバーシティ・マネジメントの最前線が向かう先は，今後とも個々の職場ということになるだろう。その流れはさらに加速することも予想される。本社スタッフ部門のダイバーシティは社外からも目につきやすく，企画型の業

務は多様なメンバーによる相互学習の成果も出やすい。また，ダイバーシティ推進を専門とする管理者やさらに上級の管理者からのモニタリングも受けやすく，これまで比較的実践も進んできた。それに対し，ラインに属してルーティン型の業務を多く担う部署，特に本社あるいは上級管理者からの直接のモニタリングが及びにくい個々の職場にとっては，ダイバーシティ・マネジメントは，今後とも大きな課題であり続けるだろう。

　一方で，日々のルーティン型業務を担い市場と接する職場のメンバーは，職場の環境をとりまくダイバーシティの広まりや深まりを体感している。仕事にまつわる無用な軋轢を減らして良好な人間関係を確保し，組織や個人の成果を挙げていくにはどうすればよいか，日々悩んでもいる。その中で最も深刻に，こうした課題に直面し，悩んでいるのはそれぞれの職場の管理職ではないだろうか。

　本書では「多様性とは何か」「企業組織はなぜダイバーシティ・マネジメントに取り組まなくてはならないのか」「ダイバーシティ・マネジメントはどう進めるのか」といった，現場の管理職が抱くであろう素朴な疑問を取り上げつつも，これらの問いに答えることの難しさが一貫して示されてきた。たとえば「多様性とは何か」という最もシンプルな問に対してさえ，その定義，類型，パースペクティブ（視座）にはそれぞれ複数の学説があることが示されて（第2章），ダイバーシティを巡る議論の複雑性を浮かび上らせてきた。

　しかし，明快で単一な回答を示すことが困難であったとしても，それぞれの職場に応じた状況把握と解決策の模索に役立つ理論的フレームワークを示すことには努めてきた。もともとダイバーシティは多様な側面をもつ複雑な概念であるが，問題の起源や本質に遡り，課題を整理・類型化して示すことで，実務家の方々に役立つよう考えてきた。

　その一例が，第4章，第5章で取り上げたダイバーシティ・マネジメントが内包する，一見相反して見えるアプローチの幅広さである。女性を主な対象とする両立支援からスタートしたわが国のダイバーシティ・マネジメントは，両立支援制度を利用する主に女性という属性に「配慮」を行う「アイデンティティ・コンシャス（identity-conscious）アプローチ」が長く取られてきた。し

かし女性管理職の育成など能力開発の場面では，属性を意識しない「アイデンティティ・ブラインド（identity-blinded）アプローチ」が必要とされる。両立支援施策利用者への過剰な配慮が，能力開発や活躍支援を阻害することの本質を，ダイバーシティ・マネジメントに内在される2つのパースペクティブの一見相反する性質にあるとするこのような解説は，「どちらが正しいか」に悩むことよりも，2つのパースペクティブの存在を前提に，それらを使い分ける「タイミング」と「バランス」に悩むことが生産的であることを示している。

　今後，ダイバーシティ・マネジメントを一層重要な任務として担うライン管理職や，その管理職を支援しようとする本社スタッフ部門の担当者の方々にとって，具体的・現実的な対応策を考える上で参考になれば幸いである。

　さて，本章執筆時，アジアで初めての男子ラグビー・ワールドカップが日本で開催され，日本代表チーム初のベスト8進出の快挙もあって，予想以上の共感と感動がもたらされた。本章のテーマに即して最も印象的であったのは，どの国のナショナルチームの顔触れも，実に多彩であった点だ。日本代表チームも例外ではなく，メンバー31人のうち約半数が日本以外の国の出身者であった。個々の力に着目する形で偶然にも形作られた多様な民族や文化を持つ人々の集団に対し，均質なメンバーで構成される場合よりもはるかに労力を要するチームづくりが行われ，ONE TEAMとして強固な力を発揮する代表チームに，私たちはダイバーシティの1つの形を見ることとなった。多くの人々は日本社会の近未来の姿として自然にそれを受入れ，惜しみない声援を送った。

　なぜダイバーシティ・マネジメントに取り組むのか。ダイバーシティ・マネジメントに取り組むのか取り組まないか。その答えはそこに示されたように思う。本書がダイバーシティ・マネジメントに取り組むすべての方々のお役に立つことを願い本書を閉じる。

POINTS━━━

◆ 管理職からダイバーシティ・マネジメント行動を引き出すには，組織全体を動機づけること，ビジョンや理念を明確化すること，インクルーシブ風土を構築するため阻害要因を特定しそれらを取り除くこと，などが必要だと考えられる。

◆ 管理職は不確実性の高い環境下では，組織上部から与えられる情報以外に独自のネットワークを通じて情報を収集し，その情報に基づいて意思決定を行う。ダイバーシティ・マネジメントに関する管理職の意思決定に影響を与えるため，企業はトップマネジメントを始めさまざまな情報ルートを通じて一貫した情報を提供する必要がある。

◆ 企業のダイバーシティ・マネジメントの実践を担うために必要なスキルやコンピタンスは育成したり，獲得することができる。リーダーシップは部下育成を含むさまざまな経験で，職場での日常行動は実践活動を含めた研修プログラムなどで，組織的に開発することが可能である。

|注

1　1990年と2008年を比較すると，金融機関持株比率は，45.2%から26.6%へ低下したのに対し，外国人持株比率は4.2%から22.1%へと上昇した。

2　「女性正社員に占める女性部課長の割合」を「正社員に占める部課長の割合」で割ったものである。これは「部課長に占める女性の割合」を「正社員に占める女性の割合」で割ったものに等しい。この変数は，女性正社員の昇進確率の全正社員の昇進確率に対する比率と解釈することができる。

3　このようなパワーの源泉には①過去の経験をもとに獲得した知識あるいは重要情報をコントロールすることで獲得する知識，②部下から貢献意欲を引き出すカリスマティックなパーソナリティや社内の高い評判，③職務に関する高い専門性によって獲得した信頼，などがなり得る（Cummings and Worley, 2009）。

4　変化が大きく革新的であるほど，多くのパワー・ホルダーの指示を取り付けることが必要となる。具体的にはスタッフのグループや労働組合のリーダー，各部門のトップ，役員など。また企業の活動範囲が広まり，外部とのコミュニケーションの重要性が高まれば，外部にこのような支持者を獲得することも効果的である。

5　また，これまで述べたように，組織内の同じポジション同士の水平的な連携をすることで，組織の決定に影響を与えることもできるし，外部市場や組織成員（部下）も含めた現場の変化を捕捉し，その動きを組織の上層部に伝える垂直方向の連携をすることによっても組織の決定に影響を与えうる重要な役割を担っている。

6　https://workfamilyhealthnetwork.org/

7　e-ラーニング（computer based training）についてのマニュアル（©Hammer & Kossek 2013）Family Supportive Supervisor Behaviors（FSSB）Training Manual Based on the FSSB training used with managers/supervisors as part of the STAR and START initiative
https://projects.iq.harvard.edu/files/wfhn/files/fssb_training_manual10_13.pdf

| 参考文献

金井壽宏（1991）『変革型ミドルの探求－戦略・革新思考の管理者行動』白桃書房

川口章・西谷公孝（2011）「コーポレート・ガバナンスと女性の活躍」『日本経済研究』No.65, pp65-93

熊迫真一（2006）「雇用調整と賃金調整の実施時期に関する一考察」『日本労務学会誌』8(1), pp2-13.

松尾睦（2013）「育て上手のマネジャーの指導方法―若手社員の問題行動とOJT」『日本労働研究雑誌』639, pp40-53

Ashford, S.J., Rothbard, N.P., Piderit, S.K. and Dutton, J.E.（1998）"Out on a limb: the role of context and impression management in selling gender-equity issues" *Administrative Science Quarterly*, 43, pp23-57.

Ahearne, M., Lam, S.K. and Kraus, F.（2014）"Performance impact of middle managers' adaptive strategy implementation: the role of social capital" *Strategic Management Journal*, 35, pp68-87.

Ahmadjian, L. C. and Robbins, G. E.（2005）"A Clash of Capitalism : Foreign Shareholders and Corporate Restructuring in 1990s Japan," American Sociological Review, 70 (3),pp.451-471.

Barton, L.C. and Ambrosini, V.（2013）"The moderating effect of organizational change cynicism on middle manager strategy commitment" *International Journal of Human Resource Management*, 24, pp721-746.

Bass, B. M.（1985）*Leadership and performance beyond expectations*, NY: Free Press.

Behrens, J., Ernst, H. and Shepherd, D.A.（2014）"The decision to exploit an R&D project: divergent thinking across middle and senior managers" *Journal of Product Innovation Management*, 31, pp144-158.

Berg, M. E. and Karlsen, J. T.（2007）"Mental Models in Project Management Coaching" Engineering Management Journal, 19(3), pp3-13.

Burgess, N. and Currie, G.（2013）"The knowledge brokering role of the hybrid middle level manager: the case of healthcare" *British Journal of Management*, 24, ppS132-S142.

Burgess, N., Strauss, K., Currie, G. and Wood, G.（2015）"Organizational ambidexterity and the hybrid middle manager: the case of patient safety in UK hospitals" *Human Resource Management*, doi: 10.1002/hrm.21725.

Burns, T.（1957）"Management in Action" Operations Research Quarterly 8 No.2 pp45-60

Casper, W. J., Fox, K. E., Sitzmann, T. M. and Landy, A. L.（2004）"Supervisor referrals to work-family programs" Journal of Occupational Health Psychology, 9(2), pp136-151.

Collins, J. and Porras, J. I. (1994) Built to Last: Successful Habits of Visionary Companies, NY.: HarperBusiness.

Conway, E. and Monks, K. (2011) "Change from below: the role of middle managers in mediating paradoxical change" *Human Resource Management Journal*, 21, pp190-203.

Cummings, T. G. and Worley, C, G. (2009) Organization Development & Change, 9th Edition, Mason, OH: South-Western.

van Dierendonck D., Haynes, C., Borrill, C., and Stride, C. (2004) "Leadership behavior and subordinate well-being" *Journal of Occupational Health Psychology*, 9, pp165-175.

Dutton, J. E. and Ashford, S. J (1993) "Selling issues to top management" Academy of management review, 18, 3, pp397-428.

Dutton, J.E., Ashford, S.J., Lawrence, K.A. and Miner-Rubino, K. (2002) "Red light, green light: making sense of the organizational context for issue selling" Organization Science, 13, pp 355-369.

Ely, R. J., and Thomas, D. A. (2001) "Cultural diversity at work: The effects of diversity perspectives on work group processes and outcomes" *Administrative Science Quarterly*, 46, pp229-273.

Floyd, S. W. and Lane, P. J. "Strategizing Throughout the Organization: Managing Role Conflict in Strategic Renewal" , Academy of Management Review, 25(1), 154-177.

Gong, Y., Chang, S. and Cheung, S.Y. (2010) "High performance work system and collective OCB: a collective social exchange perspective" *Human Resource Management Journal*, 20, pp119-137.

Guillaume, Y. R., Dawson, J. F., Otaye-Ebede, L., Woods, S. A., and West, M. A. (2017) "Harnessing demographic differences in organizations: What moderates the effects of workplace diversity?" *Journal of Organizational Behavior*, 38(2), pp276-303.

Guth, W. D. and MacMillan, I. C. (1986) "Strategy implementation versus middle management self-interest" *Strategic Management Journal*, 7, pp313-327.

Hammer, Leslie B.,Kossek, Ellen Ernst,Anger, W. Kent,Bodner, Todd,Zimmerman, Kristi L. (2011) " Clarifying Work-Family Intervention Processes:The Roles of Work-Family Conflict and Family-supportive Supervisor Behaviors" American Psychological Association Vol. 96, No. 1, 134-150

Heslin, P. A., Vandewalle, D., and Latham, G. P. (2006) "Keen to Help? Managers' Implicit Person Theories and Their Subsequent Employee Coaching" *Personnel Psychology*, 59, pp871-902.

Huy, Q.N. (2011) "How middle managers' group-focus emotions and social identities influence strategy implementation" *Strategic Management Journal*, 32, pp1387-1410.

Likert, R. (1961) *New Patterns of Management*, NY;McGraw-Hill. (三隅二不二 (1964)『経営の行動科学—新しいマネジメントの探求』ダイヤモンド社)

Llewellyn, S. (2001). '' Two-way windows' : clinicians as medical managers" *Organization Studies*, 22, pp593-623.

McCauley, C. D., Moxley, R. S., and Ellen, V. V. (1998) *The center for creative leadership handbook of leadership development,* CA.: Jossery‐Bass. (金井壽宏監訳 (2011)『リーダーシップ開発ハンドブック』白桃書房)

Morrison, E. W and Milliken, F. J. (2000) "Organizational silence: a barrier to change and development in a pluralistic world" *Academy of Management Review,* 25, pp706-725.

Radaelli, G. and Sitton-Kent, L. (2016) "Middle Managers and the Translation of New Ideas in Organizations: A Review of Micro-practices and Contingencies" *International Journal of Management Reviews,* 18, pp311-332

Raes, A.M., Heijltjes, M.G., Glunk, U. and Roe, R.A. (2011) "The interface of the top management team and middle managers: a process model" *Academy of Management Review,* 36, pp102-126.

Ren, C.R. and Guo, C. (2011) "Middle managers' strategic role in the corporate entrepreneurial process: attention-based effects" *Journal of Management,* 37, pp1586-1610.

Shore, L. M., Randel, A. E., Chung, B. G., Dean, M. A., Ehrhart, K. H., and Singh, G. (2011) "Inclusion and diversity in work groups: A review and model for future research" *Journal of Management,* 37, pp1262-1289.

Tichy N. M. and Cohen E. (1997) *The Leadership Engine; How Winning Companies Build Leaders at Every Level,* NY: Harper Business.

Vroom, V. H. (1964). *Work and motivation,* NY: Wiley.

索　引

■著者紹介

坂爪洋美（さかづめ・ひろみ）

序章，第2章〜第5章

法政大学キャリアデザイン学部教授。博士（経営学）。

専門は産業・組織心理学。

著書に『産業・組織心理学エッセンシャルズ（第4版）』（共著，ナカニシヤ出版，2019年），『学生と企業のマッチング：データに基づく探索』（共著，法政大学出版会，2019年），『キャリア・オリエンテーション：個人の働き方に影響を与える要因』（白桃書房，2008年）など。

日本労働研究雑誌編集委員，日本労務学会会長，東京地方労働審議会公益委員などを歴任。

高村　静（たかむら・しずか）

第1章，第6章

中央大学大学院戦略経営研究科（ビジネススクール）准教授。博士（学際情報学）。

専門は人的資源管理論，ワーク・ライフ・バランス論。

著書に「ワーク・ライフ・バランス管理職と組織の支援：変化する管理職」（佐藤博樹・武石恵美子編『ダイバーシティ経営と人材活用』東京大学出版会，2017所収）などがある。

厚生労働省「男性の育児休業取得促進事業」委員会座長，厚生労働省「イクメンプロジェクト」推進委員，千葉地方労働審議会公益委員等を務める。

■責任編集者紹介

佐藤博樹（さとう・ひろき）

中央大学大学院戦略経営研究科（ビジネススクール）教授。東京大学名誉教授。

専門は人的資源管理。

著書に『新訂・介護離職から社員を守る』（共著，労働調査会，2018年），『人材活用進化論』（日本経済新聞出版，2012年），『職場のワーク・ライフ・バランス』（共著，日本経済新聞出版，2010年）など。

兼職として，内閣府・男女共同参画会議議員，内閣府・ワーク・ライフ・バランス推進官民トップ会議委員，経済産業省・新ダイバーシティ経営企業100選運営委員会委員長など。

武石恵美子（たけいし・えみこ）

法政大学キャリアデザイン学部教授。博士（社会科学）。

専門は人的資源管理論，女性労働論。

著書に『キャリア開発論』（中央経済社，2016年），『国際比較の視点から日本のワーク・ライフ・バランスを考える』（編著，ミネルヴァ書房，2012年），『雇用システムと女性のキャリア』（勁草書房，2006年）など。

兼職として，厚生労働省・労働政策審議会の障害者雇用分科会，雇用環境・均等分科会，人材開発分科会，経済産業省・新ダイバーシティ経営企業100選運営委員会委員など。

シリーズ　ダイバーシティ経営
管理職の役割

2020年8月30日　第1版第1刷発行

責任編集	佐	藤	博	樹	
	武	石	恵美子		
著　者	坂	爪	洋	美	
	高	村	静		
発行者	山	本	継		

発行所　㈱中央経済社

発売元　㈱中央経済グループ
　　　　パブリッシング

〒101-0051　東京都千代田区神田神保町1-31-2
電話　03 (3293) 3371 (編集代表)
　　　03 (3293) 3381 (営業代表)
http://www.chuokeizai.co.jp/

© 2020
Printed in Japan

印刷／㈱堀内印刷所
製本／侑井上製本所

＊頁の「欠落」や「順序違い」などがありましたらお取り替えいた
　しますので発売元までご送付ください。(送料小社負担)
ISBN978-4-502-33641-6　C3034